COMO FAZER SUA REDE DE ENSINO CONQUISTAR O PÓDIO DO IDEB

Editora Appris Ltda.
1.ª Edição - Copyright© 2023 do autor
Direitos de Edição Reservados à Editora Appris Ltda.

Nenhuma parte desta obra poderá ser utilizada indevidamente, sem estar de acordo com a Lei nº 9.610/98. Se incorreções forem encontradas, serão de exclusiva responsabilidade de seus organizadores. Foi realizado o Depósito Legal na Fundação Biblioteca Nacional, de acordo com as Leis nᵒˢ 10.994, de 14/12/2004, e 12.192, de 14/01/2010.

Catalogação na Fonte
Elaborado por: Josefina A. S. Guedes
Bibliotecária CRB 9/870

F383c 2023	Ferreira, Edivan Como fazer sua rede de ensino conquistar o pódio do Ideb / Edivan Ferreira. – 1. ed. – Curitiba : Appris, 2023. 242. ; 23 cm. – (Educação tecnologias e transdisciplinaridade). Inclui referências. ISBN 978-65-250-4791-1 1. Avaliação educacional. 2. Ensino. 3. Aprendizagem. 4. Educação básica - Qualidade. I. Título. II. Série. CDD – 371.26

Appris *editora*

Editora e Livraria Appris Ltda.
Av. Manoel Ribas, 2265 – Mercês
Curitiba/PR – CEP: 80810-002
Tel. (41) 3156 - 4731
www.editoraappris.com.br

Printed in Brazil
Impresso no Brasil

Edivan Ferreira

COMO FAZER SUA REDE DE ENSINO CONQUISTAR O PÓDIO DO IDEB

FICHA TÉCNICA

EDITORIAL — Augusto V. de A. Coelho
Sara C. de Andrade Coelho

COMITÊ EDITORIAL — Marli Caetano
Andréa Barbosa Gouveia - UFPR
Edmeire C. Pereira - UFPR
Iraneide da Silva - UFC
Jacques de Lima Ferreira - UP

SUPERVISOR DA PRODUÇÃO — Renata Cristina Lopes Miccelli

ASSESSORIA EDITORIAL — Priscila Oliveira da Luz

PRODUÇÃO EDITORIAL — William Rodrigues

DIAGRAMAÇÃO — Andrezza Libel

CAPA — Lívia Weyl
Edivan Ferreira

COMITÊ CIENTÍFICO DA COLEÇÃO EDUCAÇÃO, TECNOLOGIAS E TRANSDISCIPLINARIDADE

DIREÇÃO CIENTÍFICA — Dr.ª Marilda A. Behrens (PUCPR)

Dr.ª Patrícia L. Torres (PUCPR)

CONSULTORES — Dr.ª Ademilde Silveira Sartori (Udesc)

Dr. Ángel H. Facundo
(Univ. Externado de Colômbia)

Dr.ª Ariana Maria de Almeida Matos Cosme
(Universidade do Porto/Portugal)

Dr. Artieres Estevão Romeiro
(Universidade Técnica Particular de Loja-Equador)

Dr. Bento Duarte da Silva
(Universidade do Minho/Portugal)

Dr. Claudio Rama (Univ. de la Empresa-Uruguai)

Dr.ª Cristiane de Oliveira Busato Smith
(Arizona State University /EUA)

Dr.ª Dulce Márcia Cruz (Ufsc)

Dr.ª Edméa Santos (Uerj)

Dr.ª Eliane Schlemmer (Unisinos)

Dr.ª Ercilia Maria Angeli Teixeira de Paula (UEM)

Dr.ª Evelise Maria Labatut Portilho (PUCPR)

Dr.ª Evelyn de Almeida Orlando (PUCPR)

Dr. Francisco Antonio Pereira Fialho (Ufsc)

Dr.ª Fabiane Oliveira (PUCPR)

Dr.ª Iara Cordeiro de Melo Franco (PUC Minas)

Dr. João Augusto Mattar Neto (PUC-SP)

Dr. José Manuel Moran Costas
(Universidade Anhembi Morumbi)

Dr.ª Lúcia Amante (Univ. Aberta-Portugal)

Dr.ª Lucia Maria Martins Giraffa (PUCRS)

Dr. Marco Antonio da Silva (Uerj)

Dr.ª Maria Altina da Silva Ramos
(Universidade do Minho-Portugal)

Dr.ª Maria Joana Mader Joaquim (HC-UFPR)

Dr. Reginaldo Rodrigues da Costa (PUCPR)

Dr. Ricardo Antunes de Sá (UFPR)

Dr.ª Romilda Teodora Ens (PUCPR)

Dr. Rui Trindade (Univ. do Porto-Portugal)

Dr.ª Sonia Ana Charchut Leszczynski (UTFPR)

Dr.ª Vani Moreira Kenski (USP)

APRESENTAÇÃO

Enquanto buscava um município que tivesse transformado sua rede municipal de educação, e não apenas numa escola, deparei-me com o excepcional caso de Sobral, cidade de médio porte no semiárido cearense, localizada entre as capitais Fortaleza, a cerca de 230 km, e Teresina, capital do Piauí, a 360 km. Com uma população de, aproximadamente, 210 mil habitantes, Sobral tem uma taxa de urbanização de 88,35%, e é o segundo município mais desenvolvido do estado do Ceará, de acordo com o Índice de Desenvolvimento Humano (IDH). É também o maior centro universitário e de saúde do interior do Ceará. Possui a melhor educação básica do Brasil.

O topônimo Sobral é uma alusão à freguesia de Sobral, no conselho de Mortágua, pertencente ao distrito de Viseu, em Portugal. Sobral é uma palavra de origem latina, significa abundância de sobreiros (árvore de cujo tronco se extrai a cortiça). A cidade já se chamou Caiçara, Vila Distinta e Real de Sobral, Fidelíssima Cidade Januária de Acaraú e, desde 1842, Sobral. As terras às margens do rio Acaraú eram habitadas por diversas etnias indígenas, entre elas os Areriús e os Jaibaras. Com a chegada dos fugitivos da guerra entre portugueses e holandeses, após o Tratado de Taborda, no século XVII, Sobral começou a se formar ao redor da fazenda Caiçara, fundada em 1712 por Antônio Rodrigues Magalhães, que convergia com a rota das boiadas. Nas terras dessa fazenda, foi edificada a Matriz da Caiçara e ao redor desta aglutinou-se um povoado. Construiu-se a Igreja do Rosário e a do Bom Parto, e muitas moradias. Edificou-se a Povoação de Caiçara, elevada à categoria de vila em 1773 com a denominação de Vila Distinta e Real de Sobral, mas somente em 1841 recebeu foros de cidade. Na segunda metade do século XVIII, com o sucesso econômico da Charqueada, o desenvolvimento de Sobral chegou a superar o de Fortaleza, foi ainda um dos centros abolicionistas do Ceará, a partir de 1871. Ao abolir-se a escravatura, em 1888, em Sobral já não havia um só escravizado. E com o projeto da Estrada de Ferro, para ligar a cidade ao porto de Camocim, Sobral consolidou-se como centro urbano e comercial. No século XX, foram instaladas duas indústrias: uma de beneficiamento de algodão (Companhia Industrial de Algodão e Óleo) e outra de tecelagem (Fábrica de Tecido Sobral).

Em 1919, Sobral recebeu uma expedição britânica, liderada por Arthur Stanley Eddington, com o intuito de comprovar a distorção que a luz sofre ao chegar à Terra. Com tal confirmação, Albert Einstein pôde comprovar sua "Teoria da Relatividade". No dia do eclipse solar, 29 de maio de 1919, a cidade apresentou condições meteorológicas satisfatórias, o que possibilitou a obtenção de boas imagens do fenômeno. Como lembrança, foi construído, na Praça da Igreja de Nossa Senhora do Patrocínio, um monumento – posteriormente um museu – chamado de Museu do Eclipse, que homenageia a cidade e os físicos e astrônomos que participaram da descoberta.

Em 2017, visitei a cidade de Cocal dos Alves, no Piauí, que obtivera naquele ano em uma de suas escolas um dos melhores Índices de Desenvolvimento da Educação Básica (Ideb). Era considerada, à época, a Capital Nacional da Matemática. Durante os trabalhos de pesquisa para a elaboração de minha tese de doutorado, a equipe da Secretaria de Educação informou-me que Sobral preenchia todos os requisitos e condições necessários de melhores práticas e continha todas as características merecedoras de disseminar, partilhar e replicar sua experiência educacional exitosa. Fui visitá-la. Encantei-me tanto com o que vi que fiquei por cinco dias, e ainda não foram suficientes para ver tudo em detalhes com olhos de pesquisador. Foi necessário planejar para alongar até o fim do ano minha estada a fim de concluir os trabalhos de minha tese de doutorado. Na oportunidade, além das escolas da sede, acompanhei também o dia a dia das escolas da zona rural do município. No final dos trabalhos, fui convidado pelo secretário municipal de Educação, Francisco Herbert Lima Vasconcelos, para participar do VI Seminário sobre a Experiência Educacional de Sobral – CE 20 anos, promovido pela prefeitura, por meio da Secretaria de Educação, nos dias 9 e 10 de novembro de 2017. Após a entrega do certificado, o secretário presenteou-me com o livro editado pelo Inep/MEC: *Série Projeto Boas Práticas na Educação*. Após sucessivas leituras desse livro, decidi mudar o curso do meu trabalho, no sentido de reproduzir em versão atualizada, ampliada, mantendo na sua integralidade as ideias centrais da publicação do Inep/MEC. A atualização e ampliação foi resultado de pesquisa no ano de 2017, nas escolas rurais, nas escolas da sede, no sindicato dos profissionais de educação, no sindicato rural, em residências de pais de alunos, na Secretaria de Educação de Sobral, e ensaios, artigos, dissertações e teses que confirmassem e defendessem a experiência educacional exitosa de Sobral como modelo de sucesso a ser replicado.

Pela importância do método de alfabetização adotado pelo professor Edgar Linhares como ferramenta poderosa no processo de alfabetização das crianças nas séries iniciais, resolvi incluir a síntese do método analítico global de alfabetização apresentado por Darlize Teixeira de Mello – PPG/Edu/UFRGS – Ulbra/Canoas, no Seminário de Pesquisa em Educação da Região Sul, 2012, pois ele complementa a lacuna deixada pela publicação original, assim como o bê-á-bá dos métodos de alfabetização e a nucleação das escolas da zona rural do município. Esses dois eu incluí nos anexos.

A inclusão da Escola de Formação Permanente do Magistério e Gestão Educacional, criada em 2006, foi um dos pilares de sustentação das mudanças, ampliação das conquistas dos anos iniciais do ensino fundamental para os anos finais.

Um destaque especial encontra-se nos anexos, em forma de texto, a nucleação das escolas rurais vivenciada por mim quando da feitura do meu segundo livro: *Um problema de gestão. Uma solução de gestão.*

Consta também na íntegra o ensaio de João Batista Araújo e Oliveira, PhD em Educação e presidente do Instituto Alfa e Beto: *O sucesso de Sobral*, publicado em 2013. O autor participou em diversos momentos da reforma educativa do Ceará e também de Sobral.

Pela defesa contundente, relevante e importante, e pela época, apresenta-se a síntese da tese de doutorado apresentada à USP por Ilona Becskeházy, em 2018: *Institucionalização do Direito à educação de qualidade: o caso de Sobral, CE.*

Consta também a complementação do Arcabouço Jurídico legal que proporcionou a implantação, sustentação e continuidade das reformas educacionais implementadas durante os 20 anos em Sobral.

Não poderia deixar de acrescentar, mesmo no anexo, a contribuição que os gestores educacionais de Sobral deram para a matéria: "Exame internacional desfaz 7 mitos sobre eficiência da educação".

Por último, a culminância do resultado do Pisa for Schools, apresentado pelo secretário de Educação de Sobral, no evento Pisa Global, e o Pisa para Escolas: Conceituação e importância para a avaliação e melhoria de desempenho das escolas, realizado na Fundação Cesgranrio, no dia 13 de junho de 2019.

Imagino se a senhora Oroslinda Maria T. Goulart retornasse a Sobral 12 anos após o término de seu trabalho que resultou no livro: *Vencendo o desafio da aprendizagem nas séries iniciais. A experiência de Sobral-CE.* Naquele momento, ela encantou-se. Neste, com certeza iria deslumbrar-se com o que foi feito nos três mandatos seguintes de gestores municipais dando continuidade e aperfeiçoando o trabalho de seus antecessores.

Com a palavra, a profissional do Inep/MEC:

"Assisti a uma professora ensinando inglês a seus alunos por iniciativa própria, inovando nas rotinas introduzidas pelo novo método pedagógico adotado. Vi em outra escola uma aula de reforço para alunos de necessidades especiais, a fim de aprender sua integração nas salas de aula. Iniciativa da nova escola. Observei inúmeros livros nas bibliotecas e nas salas de aula, redações e trabalhos diversos pendurados nos varais. Percebi o tamanho do orgulho de funcionários, professores, coordenadores pedagógicos e diretores pelos excelentes resultados alcançados pela rede de educação. Resultados esses medidos por avaliações externas, monitoramento permanente da escola, expostos em grandes gráficos colados na entrada da escola à vista de todos. 'Gestão à vista', chamada por eles. Comparando anos passados com o ano corrente, indicando a frequência de alunos e de professores e as taxas de rendimento e de transição. Tudo ali, claro, transparente, disponível para quem se interessasse".

É inegável que essa experiência só se materializou pela blindagem política processada pela gestão municipal que avalizou e bancou as profundas reformas introduzidas na política educacional. Na dianteira da concepção e da implementação de políticas, vigorou a convicção de que mudanças substanciais na qualidade do ensino de uma localidade passam, primeiramente, pela decisão política da administração municipal de assumir a responsabilidade por uma educação pública de qualidade para todos. Para tanto, há que se pactuar com os demais autores da política local o "compromisso de deixar a área educacional fora da influência de arranjos político-partidários". Sobral mostrou que isso não é só possível como implica, também, garantir o apoio da sociedade para as mudanças, pelo diálogo sistemático e transparente sobre a importância da qualidade da educação.

Saí de Sobral com a convicção de que é preciso prestar atenção e acompanhar a evolução do que está ocorrendo ali. E que, ao mesmo tempo, é preciso procurar identificar outras inovações que, certamente, estão transformando a face da educação nesse Brasil que o Brasil desconhece, como Cocal dos Alves, no Piauí. Voltei esperançoso na capacidade que os gestores municipais têm para mudar a realidade educacional em seu município e em sua região. Basta querer, não há nada de mágico, de excepcional, de condições extraordinárias facilitando as reformas introduzidas, além da valorização de fato e de direito da importância da educação para o país.

Este livro é dirigido, sobretudo, aos gestores municipais e escolares do Brasil, em especial aos profissionais da educação, que veem a educação como a ferramenta mais poderosa de transformação social. Espero que eles possam se inspirar nele para introduzir ou aperfeiçoar suas próprias práticas.

SUMÁRIO

INTRODUÇÃO 15

PRIMEIRA PARTE
ERGUENDO OS PILARES DA NOVA POLÍTICA EDUCACIONAL

CAPÍTULO I
MONITORAMENTO E AVALIAÇÃO DIAGNÓSTICA 23

1.1 DIAGNÓSTICO 23

1.1.1 O estabelecimento de metas...............................24

1.1.2 Estratégias para o alcance das metas 25

1.1.3 Reestruturação institucional e otimização de recursos 26

1.2 UMA NOVA GESTÃO PEDAGÓGICA NA SALA DE AULA 27

1.2.1 O investimento na formação dos professores alfabetizadores e coordenadores pedagógicos....................................30

1.2.2 O incentivo salarial para os professores alfabetizadores....................32

1.2.3 Reenturmação para alfabetização dos alunos não leitores de 2.ª e 4.ª séries .33

1.3 O MONITORAMENTO DO ENSINO-APRENDIZAGEM 35

1.3.1 Análise, compreensão dos resultados e implantação de estratégias de mudança....................................38

1.3.2 Missão do coordenador pedagógico em visitas às salas de aula.............39

1.3.3 A participação das famílias 42

1.3.4 O prêmio escola alfabetizadora.............................44

1.4 AVALIANDO E MONITORANDO O ENSINO-APRENDIZAGEM 45

1.4.1 Mudando a prática pedagógica nas escolas.............................49

1.4.2 Desafios atuais 51

CAPÍTULO II
O MÉTODO DE ALFABETIZAÇÃO ANALÍTICO GLOBAL ADOTADO PELO PROFESSOR EDGAR LINHARES EM SOBRAL.................... 53

2.1 MÉTODO ANALÍTICO GLOBAL....................................53

2.1.1 Lista de perguntas que orientam coordenadores pedagógicos e diretores no conhecimento da rotina de suas escolas 57

2.2 OS TESTES ABC E O ENSINO E O APRENDIZADO DA LEITURA E DA ESCRITA 61

CAPÍTULO III

FERRAMENTAS DA GESTÃO PROFISSIONAL DE QUALIDADE 67
3.1 SUPERINTENDÊNCIA ESCOLAR. 67
3.2 INSTRUMENTAL DE ACOMPANHAMENTO DAS ESCOLAS PELA
SUPERINTENDÊNCIA 69
3.3 CONSOLIDADO DAS VISITAS DA SUPERINTENDÊNCIA ÀS ESCOLAS ...74

SEGUNDA PARTE
SELEÇÃO DOS PROFISSIONAIS DE EDUCAÇÃO
COM BASE NO MÉRITO

CAPÍTULO IV

**DIRETORES, VICE-DIRETORES E COORDENADORES
PEDAGÓGICOS** 81
4.1 PROCESSO DE SELEÇÃO PARA DIRETORES 81
4.2 O FORTALECIMENTO DA AUTONOMIA DA ESCOLA (PEDAGÓGICA,
ADMINISTRATIVA E FINANCEIRA). 93
4.3 A AUTONOMIA FINANCEIRA DAS ESCOLAS 97
4.4 FORTALECENDO A AUTONOMIA DAS ESCOLAS 98
4.5 PLANO DE GESTÃO 102
    4.5.1 Considerações na elaboração do plano de gestão..........................102

CAPÍTULO V

PARTILHANDO METODOLOGIA E INSTRUMENTOS. 107
5.1 GUIA METODOLÓGICO PARA AVALIAÇÃO DA APRENDIZAGEM
DE CRIANÇAS EM LEITURA E ESCRITA. 107
5.2 EXEMPLOS DE MATRIZ PEDAGÓGICA. 119
5.3 ORIENTAÇÕES DIDÁTICAS. 124
    5.3.1 Conteúdos e metas de aprendizagem – 1.ª série básica....................124
    5.3.2 Rotina da 1.ª série básica – 1.º bimestre de 2003 128
    5.3.3 Exemplo de unidades pedagógicas – temas quinzenais...................128

CAPÍTULO VI

**ESCOLA DE FORMAÇÃO PERMANENTE DO MAGISTÉRIO E GESTÃO
EDUCACIONAL (ESFAPEGE)** 129
6.1 DESAFIOS ESTRATÉGICOS 129

TERCEIRA PARTE
TRABALHOS ACADÊMICOS E DO BANCO MUNDIAL SOBRE A EXPERIÊNCIA EDUCACIONAL EXITOSA DE SOBRAL

CAPÍTULO VII
O SUCESSO DE SOBRAL. 137
7.1 O SUCESSO DE SOBRAL SEGUNDO JOÃO BATISTA ARAÚJO E OLIVEIRA – PHD EM EDUCAÇÃO E PRESIDENTE DO INSTITUTO ALFA
E BETO (IAB) 137
7.2 COMEÇANDO PELOS RESULTADOS 138
7.3 O QUE DISTINGUE SOBRAL DE OUTROS MUNICÍPIOS 140
7.4 COMO TUDO COMEÇOU 142
7.5 O DESAFIO DA ALFABETIZAÇÃO 143
7.6 O ENSINO ESTRUTURADO. 146
7.7 OS EFEITOS CUMULATIVOS 146
7.8 AS SÉRIES FINAIS. 147
7.9 O PROCESSO DE MUDANÇA 148
7.10 LIÇÕES APRENDIDAS. 149
7.11 DESAFIOS 151

CAPÍTULO VIII
**INSTITUCIONALIZAÇÃO DO DIREITO À EDUCAÇÃO
DE QUALIDADE: O CASO DE SOBRAL (CE)** 153
8.1 RESUMO 153
8.2 CONCLUSÕES E REFLEXÕES 154
8.2.1 Retomada – como foram descobertos os "segredos" de Sobral 155
8.2.2 Apresentação dos achados da investigação 159
8.2.3 Em relação ao que foi elaborado no trabalho 160
8.3 CONTRIBUIÇÃO DESTE TRABALHO PARA O TEMA 168
8.3.1 A especulação sobre os achados: "é possível 'sobralizar' a educação
brasileira?" 171
8.4 RECOMENDAÇÕES FINAIS. 177

CAPÍTULO IX
FAZENDO A EDUCAÇÃO DAR CERTO 181
9.1 O SUCESSO DE SOBRAL/CEARÁ NAS REFORMAS EDUCACIONAIS PARA
A ALFABETIZAÇÃO UNIVERSAL. 181

CAPÍTULO X
PROGRAMA INTERNACIONAL DE AVALIAÇÃO DE ESTUDANTES (PISA) 195

10.1 PISA FOR SCHOOLS EM SOBRAL 2017 195

10.2 QUAL O DESEMPENHO DAS ESCOLAS PARTICIPANTES DO PROJETO EM COMPARAÇÃO COM CONTEXTOS NACIONAIS E INTERNACIONAIS? 196

CAPÍTULO XI
ARCABOUÇO JURÍDICO-LEGAL 203

11.1 FONTES DEFINIDORAS 203

11.2 LEGISLAÇÕES, LEIS, DECRETOS, NORMAS E PORTARIAS 204

ANEXOS
ENTENDENDO O PROCESSO DE NUCLEAÇÃO DAS ESCOLAS MULTISSERIADAS 211

ORGANOGRAMAS 227

REFERÊNCIAS 231

INTRODUÇÃO

Entre 1997 e 2000.

A rede de ensino de Sobral, assim como a de outros municípios brasileiros, passou por importantes mudanças em função da nova lei de Diretrizes e Bases da Educação Nacional (LDB), dos Parâmetros Curriculares Nacionais (PCNs) e, sobretudo, do impacto causado pelo Fundo de Manutenção e Desenvolvimento do Ensino Fundamental e Magistério (Fundeb), criado pela Emenda Constitucional n.º 14/96, regulamentado pela Lei n.º 9.424/96 e pelo Decreto n.º 2.264/97 e implantado automaticamente em janeiro de 1998, em todo o país. A Emenda Constitucional n.º 53, de 19/12/2006, que criou o Fundeb, estabeleceu o prazo de 14 anos, a partir de sua promulgação, para sua vigência. Assim, esse prazo será completado no final de 2020. Nesse período, uma nova gestão municipal reconstruiu boa parte dos prédios escolares, realizou concursos públicos para profissionais de ensino, investiu na habilitação de professores e na elevação de seus níveis de remuneração. Apesar dessas importantes ações, em 2000, uma pesquisa sobre os níveis de leitura dos alunos que estavam em vias de conclusão da 2.ª série do ensino fundamental verificou que metade das crianças não sabia ler.

Diante do desastre, os gestores municipais de Sobral se propuseram a ultrapassar a discussão infinda que atribui uma razão externa e um invisível "sistema" aos problemas de aprendizagem das crianças, oferecendo uma resposta mobilizadora do município. Conscientes da responsabilidade de a administração pública municipal fazer valer a função social da escola, por entenderem que a educação pública é a ferramenta mais poderosa de ascensão social, e da gigantesca dificuldade de implementar mudanças numa rede de ensino de médio porte quando o perfil socioeconômico de nossos alunos "é de pobres, muito pobres e miseráveis, com pais analfabetos e com baixa ou nenhuma capacidade de ajudar os filhos em seus deveres de casa". Isso, no entanto, não pode ser e, de fato, não é um impedimento para que eles aprendam, porque lugar de criança aprender é na escola e é nossa a responsabilidade para que isso aconteça. Tomaram uma decisão: "Começar pelo ABC e o bê-á-bá, garantindo, em primeiro lugar, a alfabetização dos alunos das séries iniciais do ensino fundamental".

A prioridade dada pelo município decorreu de uma hipótese que vem ganhando cada vez mais adeptos no país: a alfabetização é a base de uma escolarização bem-sucedida e influi na redução da distorção idade-série e dos índices de abandono, além de prevenir o analfabetismo escolar. A decisão acertada de priorizar a alfabetização foi também fruto amadurecido da convicção de que todas as crianças têm capacidade de aprender, independentemente de suas condições sociais.

Para implantar uma nova política municipal de educação com foco na aprendizagem, a prioridade para a alfabetização nas séries iniciais, a Secretaria de Educação de Sobral pôs em prática um conjunto de ações sistêmicas, convergindo para o mesmo objetivo. Quatro grandes pilares sustentaram essas ações: primeiro, mudança da prática pedagógica, fortalecimento da autonomia da escola; segundo, monitoramento dos resultados de aprendizagem com base em indicadores, criação da superintendência escolar; terceiro, aprovação de um arcabouço jurídico legal de sustentação das mudanças; quarto, criação, em 2006, da Escola de Formação Permanente do Magistério e Gestão Educacional (Esfapege). De forma coerente e integrada, entendidos como meio e não como um fim em si mesmos, processos e programas foram direcionados para a garantia da efetivação do direito à aprendizagem. Assim sendo, se não resultam em aprendizagem dos alunos, são revistos ou modificados.

No mandato de 1997 a 2000, o terreno foi arado, preparado, adubado e a semente lançada. Na gestão municipal de 2001-2004, Sobral conseguiu resultados que indicam uma grande melhoria na qualidade da educação do município. A rede municipal de educação multiplicou por, pelo menos, dois sua capacidade de fazer com que as crianças das séries iniciais do ensino fundamental aprendessem a ler e a escrever; conseguiu matricular 100% das crianças de 7 anos de idade no ensino fundamental; e as taxas de distorção idade-série e de abandono da 1.ª a 5.ª série caíram significativamente. Em 2005 cravou 4.0 no Ideb – meta estabelecida pelo MEC naquele ano.

No segundo semestre de 2004, com uma mostra de alunos da 2.ª série do ensino fundamental em 50 municípios do estado, o Comitê Cearense para a Eliminação do Analfabetismo Escolar divulgou uma pesquisa sobre a aprendizagem da escrita e da leitura. A média estadual dos alunos que conseguiram produzir um texto foi de 42%. Em Sobral, esse índice foi de 80%. Desses, 53% dos alunos elaboram textos com ortografia e pontuação adequadas. Quanto à velocidade da leitura, 34% do total dos alunos avaliados em todo o estado lê com velocidade acima de 5.050 palavras por minuto (ppm). Em Sobral, esse número chegou a 59%. Apenas 12% dos alunos avaliados em Sobral apresentam uma velocidade abaixo de 30ppm. A média estadual em relação a esse indicador é de 35%. A média do Ceará no quesito compreensão desejada é de 15%. Em Sobral, esse número sobe para 31%, sendo que somente 6% dos alunos não conseguiram ler o texto proposto para a avaliação. Em todo o estado, 39% dos alunos não o fizeram. Assim, Sobral derruba um mito segundo o qual a educação de qualidade é algo a longo prazo. Os gestores de Sobral demonstraram que em apenas dois mandatos de quatro anos é possível. Basta, para tanto, priorizar de fato a educação, em especial a das séries iniciais.

Ideb Anos Iniciais Evolução		Ideb Anos Finais Evolução	
2005	4,0	2005	3,3
2007	4,9	2007	3,5
2009	6,6	2009	4,0
2011	7,3	2011	4,4
2013	7,8	2013	5,1
2015	8,8	2015	6,3
2017	9,1	2017	7,2

Fonte: https://qedu.org.br. Acesso em: 10 set. 2018

Em 2014 e 2017, Sobral fica em 1.º lugar no Índice de Oportunidades Educacionais Brasileiras (Ioeb). Um índice único para cada local (município, estado ou Distrito Federal), que engloba toda a educação básica – da educação infantil ao ensino médio, de todas as redes existentes no local –, rede estadual, municipal e privada, bem como todos os moradores locais em idade escolar, e não apenas os que estão efetivamente na escola.

O ápice do trabalho dos gestores de Sobral foi em 2017, com o resultado do Pisa for Schools. Sobral, em 2017, é maior do que o Brasil no Pisa 2015. O segundo mito que foi jogado por terra é aquele defendido pela maioria dos profissionais de educação segundo o qual crianças de famílias carentes não conseguem aprender. O terceiro nocauteado pelos gestores de Sobral diz respeito à falta de recursos para educação. O quarto demolido é aquele que não acredita no potencial das crianças do meio rural de aprenderem.

Esses resultados fabulosos não teriam sido possíveis sem o comprometimento e a responsabilização de toda a comunidade escolar, pouco a pouco envolvida em uma rede de aprendizagem: os diversos atores refletem sobre sua prática, a tornam significativa e se apoiam mutuamente. Os diretores passaram a responder pelos resultados da sua gestão, expressos em termos de aprendizagem, e se tornaram líderes de sua equipe; os professores mudaram suas práticas nas salas de aula; as famílias foram mobilizadas para o cumprimento da responsabilidade pela frequência dos alunos às aulas e pelo acompanhamento do que ocorre na escola, sobretudo na sala de aula. A Secretaria de Educação investiu em melhores condições de trabalho: implementou novos programas de formação dos profissionais, abdicou de métodos clientelistas na relação com os diretores, passando a selecioná-los com base no mérito, e fomentou a consolidação, na rede de ensino, de uma cultura de avaliação e monitoramento dos resultados com base em indicadores internos e externos.

O fortalecimento da autonomia administrativa, financeira e pedagógica da escola foi, ao mesmo tempo, a contrapartida e a base de sustentação desse comprometimento, responsabilização de todos e ação em rede. As escolas podem sempre ganhar mais autonomia, mas isso exige de seus atores muita clareza sobre os rumos e processos da política educacional da qual participou. Programas de capacitação que ajudam professores, coordenadores pedagógicos e diretores a solucionar, com mais qualidade e adequação, os problemas do dia adia da escola foram implementados. Entre outras ações, desenvolverem-se a capacidade de comunicação e negociação e variados instrumentos de orientação e monitoramento. Boa parte das resistências às mudanças foi vencida, mas não se trata, tampouco, de afirmar a inexistência de conflitos. Eles são considerados salutares e, num ambiente democrático, têm sido canalizados para espaços de negociação e aprendizagem.

As mudanças foram implementadas com os recursos ordinários da educação municipal, sem incorrer em financiamentos adicionais. A melhoria da qualidade da educação é um desafio nacional no qual os municípios têm um papel fundamental. Vale ressaltar que a batalha do presente e do futuro se ganha ou perde em cada sala de aula do nosso país. Ouso afirmar que a do presente estamos perdendo. Não em Sobral. Cada localidade planeja e implementa suas políticas dentro de um contexto específico, razão pela qual o livro *COMO FAZER sua REDE de ENSINO CONQUISTAR O PÓDIO do Ideb* não tem a pretensão de ser um livro de receitas. Seu objetivo é partilhar com dirigentes educacionais a experiência exitosa, concreta de Sobral, visando a inspirar as gestões municipais do país a implantar políticas que tenham o objetivo de garantir o direito à aprendizagem no tempo certo. Sabe-se que não é uma experiência acabada: continua em processo e possui numerosos e renovados desafios. Mas é uma experiência de sucesso, comprovada, in loco, por vários trabalhos acadêmicos realizados ao longo desses 20 anos. Assumindo suas escolhas, o município de Sobral implantou uma política educacional integrada e sistêmica e alcançou as metas prioritárias, com resultados que podem ser expressos numericamente. Os dados apresentados indicam que em Sobral as crianças das séries iniciais e os adolescentes das séries finais do ensino fundamental estão permanecendo na escola e estão, de fato, aprendendo.

PRIMEIRA PARTE
ERGUENDO OS PILARES DA NOVA POLÍTICA EDUCACIONAL

CAPÍTULO I

MONITORAMENTO E AVALIAÇÃO DIAGNÓSTICA

1.1 DIAGNÓSTICO

No último ano da gestão municipal de Sobral (1997-2000), a Secretaria de Educação adotou uma medida objetiva de aferir a capacidade de sua rede de ensino alfabetizar as crianças na idade esperada. Com o apoio do professor Edgar Linhares, aposentado da Universidade Federal do Ceará (UFC), especialista em leitura, foi realizada nas escolas municipais a primeira avaliação externa de aprendizagem, que utilizou uma metodologia sobre verificação de quais alunos ao final da 2.ª série liam palavras, frases ou textos, e quais podiam ser considerados não leitores. O resultado mostrou que metade do grupo de alunos avaliados era constituída por crianças incapazes de ler.

Ainda em 2000, uma nova parte de dados sobre a alfabetização das crianças de 1.ª e 4.ª séries realizada pela Fundação Carlos Chagas, via Programa Acelera Brasil, do Instituto Ayrton Senna, parceiro do município. Sobral apresentou um dos piores rendimentos entre os municípios participantes do programa, ficando classificado em penúltimo lugar. Cinquenta e dois municípios, de todo o Brasil, participaram da avaliação. Diante desse diagnóstico, dando continuidade aos investimentos na área da educação realizados pela administração anterior, os gestores educacionais implantaram um processo sistemático de avaliação da aprendizagem de todos os alunos de 2.ª a 4.ª série. Em 2001, os resultados mostraram que 60% dos alunos que estavam iniciando a 2.ª série, 40% dos alunos da 3.ª e 20% daqueles que frequentavam a 4.ª série não sabiam ler.

Com a constatação de que a maioria das crianças da rede municipal estava severamente comprometida, compreendeu-se que era urgente mudar. Afinal, como uma criança que na 4.ª série não sabe ler e escrever com competência pode avançar e assimilar novos conteúdos? Como um aluno sem a base da escolarização inicial pode prosseguir em seu desenvolvimento escolar e social? Os gestores decidiram incrementar uma política educacional com foco na aprendizagem e prioridade para alfabetização nas séries iniciais do ensino fundamental. No decorrer de três anos de trabalho duro, persistente e sistemático levaram a rede municipal de ensino a outro patamar de qualidade. Os desafios continuam.

1.1.1 O estabelecimento de metas

Para os gestores de Sobral, a principal ação de melhoria da qualidade do ensino básico, fundamental 1 e 2, não só no município, mas no Brasil como um todo, está relacionada ao direito efetivo à aprendizagem. Com essa convicção, para nortear a nova Política Municipal de Educação, foram definidas sete metas para a gestão de 2001 a 2004, destacando-se que as duas primeiras foram consideradas prioritárias.

1. Alfabetização do conjunto de crianças de 6 e 7 anos de idades;

2. Alfabetização, em caráter de correção, de todos os alunos de 2.ª a 6.ª série, que não sabem ler;

3. Regularização do fluxo escolar no ensino fundamental por meio de ações que garantam as condições necessárias à aprendizagem;

4. Redução do abandono para percentual inferior a 5%;

5. Progressiva universalização e qualificação do atendimento da educação infantil;

6. Reestruturação do sistema de ensino das séries terminais do ensino fundamental;

7. Progressivo atendimento à alfabetização de todos os jovens e adultos que ainda não sabem ler.

As metas 1 e 4 foram alcançadas. A 2 e a 3 também se efetivaram no que diz respeito aos alunos que cursavam até a 4.ª série. Embora não tenha havido uma intervenção direta nas 5.ª e 6.ª séries, caíram significativamente as taxas de distorção idade-série e de abandono relativas à 5.ª série. No que tange à meta 5, a Secretaria de Educação de Sobral vem implementando mudanças no atendimento às crianças de 0 a 6 anos. Para tanto, formou na rede de ensino parceria e aliança com instituições filantrópicas respeitadas. As metas 6 e 7 continuam a ser um desafio para o município. Para a melhoria da qualidade da educação de jovens e adultos, apesar de uma série de investimentos realizados, ainda não se alcançou o resultado esperado.

Quanto à reestruturação do sistema de ensino das séries terminais do ensino fundamental, os Gestores Educacionais de Sobral estão conscientes de sua urgência, sob pena de o município colocar em risco os ganhos alcançados nas séries iniciais.

1.1.2 Estratégias para o alcance das metas

Toda política precisa explicitar suas principais estratégias de implementação, bem como os responsáveis pela execução de cada uma delas. Em Sobral, as estratégias de política de alfabetização se articularam em torno de dois grandes eixos orientadores. O primeiro foi direcionado ao fortalecimento da ação pedagógica, objetivando a reorganização do trabalho em sala de aula, e teve como sujeitos os Professores Alfabetizadores. O segundo visou ao fortalecimento da Gestão Escolar, e foi baseado na autonomia administrativa, pedagógica e financeira das escolas, com foco na liderança, "na responsabilização" e no comprometimento de diretores; no apoio dos coordenadores pedagógicos; e na responsabilização dos pais pelo acompanhamento da vida escolar dos filhos.

Na execução das estratégias da política de alfabetização, coube às escolas a responsabilidade por:

- Fazer com que todos os alunos da 1.ª a 4.ª série passassem por processos de avaliação externa de aprendizagem.

- Selecionar criteriosamente os professores que trabalhavam com alunos em alfabetização.

- Oferecer os cuidados específicos e acordados com a Secretaria de Educação para solucionar o problema dos alunos que, apesar de já estarem cursando da 2.ª a 4.ª série, ainda não sabiam ler.

- Avaliar continuamente os resultados alcançados, com base em indicadores.

- Acompanhar a execução do Projeto Pedagógico voltado para a alfabetização dos alunos.

- Mobilizar as famílias, sobretudo para que se responsabilizassem pela frequência dos alunos às aulas e pelo acompanhamento de sua aprendizagem na escola.

A secretaria de educação se responsabilizou por:

- Definir metas e diretrizes gerais.

- Disponibilizar às escolas os insumos necessários ao desenvolvimento do Projeto Pedagógico.

- Promover formação continuada do professor alfabetizador para a boa execução de seu trabalho.

- Oferecer incentivos financeiros às escolas e ao professor alfabetizador.

- Fomentar a cultura do monitoramento/avaliação nas escolas.

- Acompanhar os resultados alcançados pelas escolas por meio dos indicadores selecionados.

- Contratar e coordenar, sistematicamente, o serviço de avaliação externa da aprendizagem das crianças.

1.1.3 Reestruturação institucional e otimização de recursos

Antes de iniciar as mudanças visando à implantação da nova gestão municipal, a Secretaria de Educação reforçou suas bases institucionais e otimizou seus recursos por intermédio de três diferentes ações:

1. Ampliou o ensino fundamental de oito anos para nove, a fim de garantir a alfabetização de todos os alunos após dois anos de escolarização, caso essa se iniciasse aos seis anos de idade, como vem recomendando a Secretaria de Educação Básica do Ministério da Educação. Com a ampliação em mais um ano do ensino fundamental, a 1.ª série foi subdividida em básica de seis anos e regular de sete.

2. Nucleou as escolas da zona rural, buscando uma administração mais eficiente da rede e o acesso de todas as crianças a uma melhor formação educacional e cultural. A nucleação consistiu no agrupamento de alunos que estudavam em pequenas escolas multisseriadas espalhadas pela zona rural em unidades mais estruturadas, submetidas à gestão unificada de uma escola-polo situada em distritos urbanos e com maior capacidade técnica nas áreas pedagógica e administrativo-financeira.

3. Fez um acordo com a Secretaria Estadual de Educação do Ceará visando assumir, progressivamente, a responsabilidade pelo ensino fundamental. A carência de infraestrutura impossibilitou a con-

cretização de toda a proposta de reestruturação das duas redes idealizada na ocasião do acordo. De toda forma a municipalização integral da matrícula de 1.ª e 4.ª séries foi alcançada e permitiu maior concentração e direcionamento das ações do município. Em 2001, foi efetivada a inclusão dos alunos da 5.ª série. Os de 6.ª e 8.ª séries permaneceram na rede estadual, sendo atendidos pelo município somente nos distritos onde o estado não tem escola.

1.2 UMA NOVA GESTÃO PEDAGÓGICA NA SALA DE AULA

A nova Gestão Educacional exigiu um olhar especial para o que ocorria, até então, na sala de aula. As observações iniciais indicaram que, embora o livro didático fosse utilizado, as atividades realizadas no dia a dia pelos alunos podiam ser resumidas em apenas duas etapas: "Na primeira parte da aula, os professores descreviam uma tarefa na lousa e os alunos a transcreviam para seus cadernos; na segunda parte, após o recreio os alunos resolviam a tarefa".

Diante dessa constatação, a Secretaria de Educação compreendeu que para realizar mudanças na aprendizagem dos alunos era imperativo intervir diretamente no "método de ensino". Os gestores municipais tinham clareza de que, mais do que fidelidade a uma determinada teoria, precisavam de um método que de fato alfabetizasse na idade certa todas as crianças. Dispostos a aprender com a prática, sabiam também que somente a experimentação poderia dizer se em determinado procedimento serviria ou não aos propósitos da nova Gestão Política Educacional. Nesse sentido, decidiram que as escolas que assumissem a responsabilidade pelo alcance das metas poderiam implantar métodos alternativos ao proposto pela Secretaria de Educação.

O método de ensino adotado pela Secretaria de Educação prevê que a leitura e a escrita sejam trabalhadas a partir da frase que vai sendo desmembrada em palavras, sílabas e letras, sempre da escola maior para menor. O elemento mais operacional é a rotina, que dá vida à prática pedagógica. Segundo o professor Edgar Linhares, também responsável pela definição e implementação do novo "método de ensino" na rede municipal, sua fonte teórica foi a Marcha Global Analítica, de André Inizan. O professor Linhares trabalhou com uma equipe constituída por dez profissionais. A tarefa de casa é disponibilizada em uma folha impressa pela Secretaria de Educação evitando que o professor perca tempo passando a lição na lousa.

A rotina da sala de aula foi então reorganizada de modo que várias atividades fossem realizadas de acordo com horários preestabelecidos, norteadas por dez princípios:

1. A criança precisa falar
2. A criança precisa agir
3. A criança precisa brincar
4. A criança precisa de limites
5. A criança precisa trabalhar em grupos
6. A criança precisa desenhar
7. A criança precisa ouvir histórias
8. A criança precisa contar histórias
9. A criança precisa ler e escrever
10. A criança precisa ser estimulada

Para as diferentes turmas em metas de alfabetização, foram estabelecidos conteúdos e metas bimestrais de aprendizagem, trabalhadas com os professores em encontros de formação e disponibilizados na apostila "Orientações Didáticas". Nessa apostila constam também a rotina semanal de atividades, os princípios básicos do método de ensino e o detalhamento do trabalho realizado na sala de aula por tipo de atividade.

A estratégia da repetição é garantida por:

- Temas quinzenais contidos nas Unidades Pedagógicas – escolha de um tema para pautar as atividades realizadas com os alunos durante 15 dias. As atividades propostas pelas Matrizes Pedagógicas consideram a necessidade de adequação dessas estratégias ao nível de aprendizagem dos alunos em relação à escrita e à leitura.

- Frases temáticas – uso de uma mesma frase em várias atividades de escrita e leitura durante uma semana, cuja temática se reporta ao tema quinzenal.

- Músicas – uso de uma mesma música durante uma semana, favorecendo a aprendizagem da melodia e da letra.

A estratégia de ação e de representação se realiza com a utilização de:

- Textos variados – uso de um conjunto de textos de estilos diferentes no decorrer da semana.

- Crachá – uso do crachá de identificação, para trabalhar a representação de si e do outro.

- Fichas de correspondência – jogos que propõem a leitura de palavras e a inter-relação entre figuras e palavras, sempre fazendo referência ao tema quinzenal. Figuras e palavras vão ganhando complexidade ao longo do ano.

- Cesta mágica – o aluno escolhe um livro de literatura infantil. Após fazer uma leitura individual, apresenta oralmente a história ao grupo e a reproduzir tal como a compreendeu.

- História coletiva – tendo por base um assunto referenciado na temática quinzenal, os alunos criam uma história coletivamente. A história é registrada pelo professor, que a aproveita na realização de outras atividades.

- Representação de histórias – os alunos expressam, por meio de desenhos, histórias que são lidas na sala de aula.

- História contada pelo professor – o professor lê uma história para os alunos, à qual eles dão um título e escolhem uma palavra para representá-la.

- Jogos pedagógicos – atividades realizadas em grupos de alunos, cabendo ao professor a responsabilidade de esclarecer as regras e zelar pelo seu cumprimento.

> *"Na minha sala tinha uma textoteca, era para exercer o poder de atração da criança. O fundamental é que elas me vejam como uma professora que gosta de ler." Professora de 1.ª série* regular da Escola de Educação Infantil e Ensino Fundamental Maria do Carmo Andrade.

> *"O que eu gosto mais na escola é de ler." Aluna da mesma escola.*

A mudança no método deu um caráter mais estruturado ao processo de ensino-aprendizagem, tornando a pedagogia mais visível para o professor. De acordo com os gestores educacionais de Sobral, essa estruturação repercutiu no domínio do processo de aprendizagem tanto pelos professores quanto pelos alunos.

> *"O fundamental foi a vitalidade pedagógica da escola, nenhum outro aspecto foi maior do que esse. O que valeu não foi indicação política, não foi proximidade de parentesco. O que valeu foi a*

competência pedagógica e a performance dos alunos no resultado da avaliação externa." Diretor da Escola de Educação Infantil e Ensino Fundamental Raul Monte.

Além da produção própria de material pedagógico, a Secretaria de Educação precisou também assegurar a compra de materiais educativos. Foram disponibilizados quatro exemplares de livros de literatura infantil por aluno matriculado em turmas de alfabetização e vários modelos de jogos: loto-leitura, alfabeto móvel, baú de mil peças de montar, tangram e outros. Foi também necessário aumentar o volume de material escolar utilizado pelas escolas. A Secretaria de Educação passou a disponibilizar mensalmente, para cada professor, um kit composto por uma resma de papel, um estojo de pincel, um rolo de fita gomada, cinco cartolinas e cinco folhas de papel-madeira.

"Mudou o método de trabalhar e trouxe muita vantagem porque o nosso município estava numa defasagem muito grande de crianças analfabetas. Elas passavam de ano, mas não tinham uma aprendizagem adequada. Com esse novo método, houve uma revolução muito grande." Coordenador pedagógico.

"Eu aprendo tudo que a tia ensina. Eu não acho nada difícil." Aluno.

1.2.1 O investimento na formação dos professores alfabetizadores e coordenadores pedagógicos

Os gestores educacionais de Sobral avaliaram que não seria possível mudar a prática pedagógica das escolas sem investir na formação do professor alfabetizador. Dessa forma, o desenho do programa de capacitação se voltou para o método de ensino utilizado em sala de aula, possibilitando ao professor a vivência do que é ensinado aos alunos e a atribuição de significados para sua prática pedagógica.

Durante toda a gestão de 2001 a 2004 foram promovidos encontros mensais de formação de professores alfabetizadores, com carga horária de oito horas cada, tendo o suporte operacional da Secretaria de Educação e da coordenação dos consultores responsáveis pelo assessoramento à implantação do novo método de ensino. Inicialmente, os encontros foram realizados em fins de semana, mas os professores ficavam muito cansados. Optou-se, então, pela realização das atividades no próprio turno de trabalho, o que exigiu da secretaria a disponibilização de professores substitutos.

As principais estratégias formativas utilizadas foram:

- Vivência das atividades propostas para a rotina da sala de aula;
- Experimentação dos materiais didáticos a serem usados nas salas, especialmente as Matrizes Pedagógicas;
- Produção de instrumentos de avaliação e de monitoramento dos resultados de aprendizagem dos alunos;
- Desenvolvimento da capacidade de elaboração de planos de aula;
- Visitas às escolas para observação da Prática Pedagógica;
- Atividades Culturais.

> *"O apoio mesmo, da equipe da formação, da Secretaria de Educação que estava ao nosso lado com material que a gente não tinha antes. Amo de coração meu trabalho, eu sou professora por convicção, por gostar mesmo." Professora da 1.ª* série regular da Escola de Educação Infantil e Ensino Fundamental Raul Monte.

Em face do compromisso da Secretaria de Educação à implementação de uma Gestão Pedagógica Autônoma e Profissional da escola, foi acordado que o espaço de formação e as visitas às escolas deveriam ter a natureza de apoio e não de ingerência. Para garantir a qualidade do trabalho de orientação dos professores, coordenadores pedagógicos foram também inseridos no processo de formação. Em todas as fases de formação houve um grande investimento na qualidade do planejamento das aulas, a partir de oficinas práticas sobre a importância de sua elaboração detalhada, de tal modo que ele pudesse ser aplicado por outro professor em caso de substituição. A escola foi orientada a não efetuar troca de professores entre as diferentes turmas durante o ano letivo, para garantir a continuidade do processo formativo. Os consultores criaram, naturalmente, laços afetivos com os professores, o que foi avaliado pela Secretaria de Educação como um fator importante na sensibilização permanente do professor alfabetizador para a nova proposta de alfabetização.

> *"Nós sabemos o que dizemos ontem e sabemos o que fazer amanhã." Professora.*

> *"O comportamento dos meninos mudou. Não existe mais aquele excesso de agitação, agressão aos colegas, desrespeito aos funcionários e professores. Quer dizer, ainda existe, mas é uma coisa bem sutil em relação ao que era antes." Coordenador pedagógico.*

"São pacientes demais os professores, ave-maria, são pacientes. Primeiro, dão atenção para um, depois para o outro. Eu pergunto em casa para meu filho: 'Ela explicou, menino? Explicou tudinho'. Para mim são ótimos, ave-maria, demais mesmo." Mãe de aluno.

1.2.2 O incentivo salarial para os professores alfabetizadores

A prioridade municipal dada à alfabetização dos alunos das séries iniciais e o consequente objetivo de garantir a mudança da prática pedagógica nas escolas levaram a Secretaria de Educação a refletir sobre o trabalho realizado pelo professor alfabetizador. Normalmente, o lugar assumido por esse profissional é um dos mais difíceis da escola: seu trabalho tem um resultado muito claro, sofre muita cobrança, poucos querem trabalhar com alfabetização. Na expectativa de reverter esse quadro, foi estabelecida uma gratificação salarial a esses professores, que reconhece a importância de seu trabalho e estimula a busca por bons resultados. A gratificação mensal no valor de R$100,00, em 2001, para os professores alfabetizadores que alcançassem suas metas foi instituída por meio de Lei Municipal. Os professores da 1.ª série básica deveriam ter alfabetizado 75% de seus alunos ao final do ano letivo, os da 1.ª série regular, 90%. Para os professores de turmas de alfabetização constituídas por alunos da 2.ª a 4.ª série, a meta era ter 100% dos alunos alfabetizados. Definiu-se a verificação das metas no mês de novembro, por ocasião da avaliação externa de desempenho das crianças. A gratificação oferecida aos professores alfabetizadores representou 30% do valor de seu piso salarial.

Inicialmente, foi determinado que os professores alfabetizadores que não alcançassem seus objetivos seriam transferidos para turmas que não faziam parte das metas municipais de alfabetização e deixariam de receber a gratificação, caso a tivessem obtido no ano anterior. Entretanto, a lei não foi cumprida com rigor, ficando a critério dos diretores decidirem para quais turmas esses profissionais seriam designados. Em 2003, foram fixados novos critérios legais para a concessão da gratificação, afinal, com o devido apoio, o profissional que não conseguiu alcançar suas metas num dado ano tem potencial para obter resultados melhores no ano seguinte. Determinou-se, então, que a gratificação para o professor alfabetizador teria seu valor reduzido em 25% ou 50% segundo o grau de descumprimento da meta de alfabetização, podendo receber novamente o valor integral se atingisse o objetivo na próxima avaliação externa.

"No ano de 2001 não teve um resultado satisfatório, mas o diretor confiou em mim e, graças a Deus, não só a ele, mas a toda equipe, a equipe de Coordenação, Núcleo Gestor, todo mundo, obteve um ótimo resultado em 2002. Hoje me sinto feliz e sinto que estou cooperando, que estou ajudando a transformar este país, porque as crianças que estão passando por nossas mãos são o futuro deste país." Professor da 1.ª série básica da Escola de Educação Infantil e Ensino Fundamental Antenor Naspolini.

A valorização de docentes e de diretores por meio de gratificações e premiações é um aspecto importante na implantação da nova Gestão da Política Municipal de Educação de Sobral, pois denota compromisso, de fato, com a prioridade estabelecida, já que priorizar significa também alocar e destinar recursos. Os gestores de Sobral procuram deixar claro, no entanto, que esse é apenas um dos diversos aspectos dessa valorização. Para eles, valorizar e incentivar significou, sobretudo, proporcionar condições de trabalho, promover formação continuada, depositar confiança, atribuir responsabilidade e avaliar os resultados obtidos.

1.2.3 Reenturmação para alfabetização dos alunos não leitores de 2.ª e 4.ª séries

A alfabetização direcionada aos alunos de 2.ª e 4.ª séries que não eram capazes de ler teve um caráter pontual e corretivo. Havia uma avaliação, compartilhada por professores, de que seria difícil avançar na solução do problema grave do analfabetismo escolar entre as crianças, "caso se mantivessem alunos leitores e não leitores numa mesma turma". Tal problema limitava o avanço de aprendizagem de quem já estava alfabetizado e dificultava a alfabetização daqueles que ainda não tinham adquirido a capacidade da leitura, excluindo-os ainda mais. Por essa razão, a Secretaria de Educação optou pela reenturmação dos alunos não leitores da 2.ª e 4.ª séries, deslocando-os para uma sala específica de alfabetização, de acordo com o nível de leitura. Somando-se a essa estratégia, muitas escolas recorrem também à alternativa de reforço escolar no contraturno. Para tanto, reorganizaram o quadro de professores e financiaram as despesas adicionais com seus próprios recursos provenientes do Fundo para o Desenvolvimento e Autonomia da Escola (Fundae).

Nas escolas em que havia várias turmas de cada série foi mais fácil reagrupar os alunos em turmas de alfabetização por série de matrícula de turmas unisseriadas. Nas demais, foi necessário constituir turmas de alfabetização com alunos matriculados em séries diferentes de turmas multisseriadas. Devido ao processo de reenturmação, o número de turmas na educação municipal aumentou significativamente, o que demandou mais espaço físico e mais professores alfabetizadores, admitidos na modalidade de contrato temporário. Para facilitar o atendimento das demandas das escolas, a orientação geral foi para que cada diretor elaborasse seu Plano de Gestão, o qual era analisado pela Secretaria de Educação. Os planos definiam os recursos materiais e financeiros que a secretaria deveria fornecer para viabilizar a criação de novas turmas. Parte das escolas tinha limites físicos, apresentando necessidade de aluguel de outros imóveis. Algumas turmas tiveram de funcionar em casas, mesmo sendo espaços inadequados às atividades escolares. Essa foi, em caráter emergencial, a alternativa possível para responder a uma demanda pontual.

Legalmente, lidou-se com a reenturmação da seguinte maneira: os alunos permaneciam matriculados em sua série, mas eram inseridos em uma turma de alfabetização. Se fossem retidos por mais de um ano em classe de alfabetização, registrava-se o desempenho "não satisfatório" na sua série de matrícula e não poderiam ser passados à série subsequente. Quando apresentava um bom rendimento, o aluno era novamente inserido em seu fluxo regular. Foram inúmeros os casos em que, voltando para sua turma original, o aluno apresentava dificuldade para acompanhar os diversos conteúdos trabalhados, quando, então, era encaminhado para programas de reforço escolar. Mas essa situação gerou reprovações, razão pela qual a reenturmação não foi considerada pelos gestores educacionais de Sobral uma solução mais adequada. Foi apenas uma alternativa encontrada para assegurar a alfabetização das crianças que haviam passado de ano, sem o conhecimento da leitura e da escrita.

Em 2001, foram constituídas 167 turmas com 4.051 alunos não leitores da 2.ª a 4.ª série. No ano seguinte, chegou-se ao total de 4.507 alunos, divididos em 179 turmas. O número aumentou porque a intervenção em um semestre não foi suficiente para solucionar o problema de muitos alunos que não apresentavam bom desempenho, sendo preciso retê-los nas turmas da alfabetização associadas à meta 2. Isso acarretou a elevação temporária, entre 2002 e 2003, do índice de reprovação dos alunos da rede municipal. Em 2003, o número de alunos reenturmados diminuiu para 3.048. No final desse mesmo ano, o percentual de alfabetização da 1.ª série regular foi de 91%. Cabe observar que os alunos da 1.ª série regular que não apresentam bom rendimento, de acordo com os critérios da avaliação externa, não são reprovados: vão para a 2.ª série e permanecem em classes de alfabetização. Em 2004, as escolas passaram a atender somente 961 alunos em turmas da meta 2, aqueles reenturmados, o que significou 7,6% do total da matrícula de 2.ª a 4.ª série das escolas municipais. Após três anos de trabalho, o número de alunos não leitores de 2.ª a 4.ª série havia diminuído substancialmente.

> *"E ficaram várias marcas. A satisfação e o prazer de ter contribuído com a formação intelectual e pessoal dessas crianças. E um dia chegar a dizer assim: o Douglas, o Mateus foi a Consolação que alfabetizou." Professora da 1.ª* série regular da Escola de Educação Infantil e Ensino Fundamental Raimundo Santana.

1.3 O MONITORAMENTO DO ENSINO-APRENDIZAGEM

A avaliação externa da aprendizagem das crianças em leitura e escrita se consolidou como um dos processos mais importantes da política educacional de Sobral. Inicialmente, era realizada uma vez por ano, mas no decorrer do processo passou a ocorrer semestralmente: em junho, visando identificar problemas e orientar mudanças, e em novembro, para verificar os resultados alcançados no ano e possibilitar adequação no ano subsequente. A periodicidade bianual da avaliação foi muito oportuna, pois permitiu às escolas adotarem novas estratégias para o alcance de suas metas após a primeira avaliação, fator que contribuiu para a melhoria da capacidade de alfabetização das escolas entre o primeiro e o segundo semestre.

Desde 2001, todos os alunos de classes de alfabetização da rede municipal são avaliados em sua capacidade de codificação e de decodificação da língua por uma equipe de profissionais externos à escola e à secretaria, que são orientadas para não expor os alunos ou tecer, diante deles, quaisquer comentários sobre seu nível de aprendizagem. A constituição de uma equipe de audição para conferir os resultados também figura entre os mecanismos adotados para dar confiabilidade ao processo. Em 2004, os bons resultados alcançados permitiram avaliar os alunos das classes de alfabetização também em compreensão de texto. Ainda que seja feita com o aluno, a avaliação externa tem como foco a escola, uma vez que esta permite identificar os resultados de cada turma, professor e unidade escolar. Antes de sua institucionalização, apenas os índices oficiais de aprovação e de reprovação eram conhecidos, o que dificultava a identificação dos problemas que incidiam sobre a aprendizagem dos alunos. Com a avaliação externa, diretores, coordenadores pedagógicos e professores passaram a ter uma visão precisa de como os alunos estão em relação à escrita e à leitura e estabeleceram um parâmetro objetivo para avaliar o trabalho na sala de aula, em termos de conteúdos e métodos.

Resumo do processo de operacionalização da avaliação externa semestral dos alunos de 1.ª e 4.ª séries do ensino fundamental:

- Constituição e capacitação, sob coordenação da prefeitura, de uma equipe de avaliadores formada por estudantes e graduados em licenciatura pela Universidade do Vale do Acaraú (UVA);

- Aplicação de um instrumento individual de leitura aos alunos das turmas de alfabetização. O teste é gravado em fita cassete, à época, e seu resultado registrado em instrumental capaz de explicitar se o aluno soube ou não ler textos, frases, palavras, sílabas;

- Os alunos a partir da 1.ª série regular também são avaliados quanto à compreensão de texto;

- Aplicação do teste de escrita, individualmente, para os alunos da 1.ª série básica e em grupo para os demais;

- Audição das gravações da leitura das crianças feitas durante os testes por uma equipe específica, para confirmar o resultado registrado no instrumental;

- Correção dos testes de escrita;

- Organização dos resultados por unidade escolar e análise dos resultados pela secretaria;

- Análise dos resultados pelas escolas.

A metodologia de avaliação externa de aprendizagem foi concebida de modo que cada turma, professor e aluno pudessem ser identificados nominalmente com respectivos resultados. Entrevistas com diretores e coordenadores pedagógicos atestam que expressões difusas como "a grande maioria sabe ler", ou "uns melhoraram", que pouco ou nada contribuem para a verificação do sucesso da aprendizagem, deixaram de fazer parte do universo da escola. O professor passou a conhecer todos os seus alunos pelo nome, os avanços e dificuldades de cada um deles, adquirindo, assim, mais condições de trabalhar as principais dificuldades. Os diretores e coordenadores pedagógicos também passaram a conhecer as dificuldades de cada professor, o que possibilitou a formulação de estratégias de formação e de orientação. A avaliação externa possibilitou, dessa forma, a consolidação de uma cultura "sistemática" de avaliação dos professores.

> *"Quando em visitava às escolas no início da implantação desse projeto e perguntava quantos alunos uma professora tinha, ela não sabia responder. Cada vez que pedia dados para as escolas vinha uma coisa diferente. As avaliações tinham um caráter muito nebuloso. Às vezes algo pequeno generalizava um resultado. Os diretores, hoje, dizem como cresceram no trabalho com dados. Isso reflete em outros momentos, já faz parte da rotina deles." Secretaria Municipal de Educação de Sobral.*

A partir da sistemática de avaliação externa, várias escolas criaram estratégias próprias para o acompanhamento de avaliar internamente a aprendizagem dos alunos a cada mês. Essas avaliações internas adotadas pelas escolas são de responsabilidade do coordenador pedagógico e, segundo a Secretaria de Educação, seus resultados se aproximam cada vez mais daqueles provenientes da avaliação externa.

O processo de avaliação externa da aprendizagem dos alunos desencadeou mudanças culturais nas escolas de Sobral. A principal delas, talvez, seja a tomada de consciência em relação à responsabilização pelo fracasso dos alunos. As justificativas à não aprendizagem, que antes se focavam em questões externas à prática do professor e da equipe gestora da escola, cederam lugar para a busca de soluções dos problemas existentes nos próprios estabelecimentos escolares.

> *"Um princípio importante desenvolvido em nossa formação foi o de assumirmos tanto a responsabilidade pelo sucesso, quanto a responsabilidade pelo fracasso da escola pública. O ônus e o bônus. Portanto, foi preciso problematizar esse princípio na instância da escola." Diretor da Escola de Educação Infantil e Ensino Fundamental Antenor Naspolini.*

> *"Identificamos que havia uma cultura na escola de que a responsabilidade de alfabetização não era dos professores. Enfatizamos então a ideia de que o processo de ensino-aprendizagem se dava em sala de aula. Discutimos também a frequência de professores e tomávamos providências. Essa rotina de avaliação e análise encontramos com os professores, e adoção de estratégias gerou uma tranquilidade no campo pedagógico." Diretor da Escola Raul Monte.*

1.3.1 Análise, compreensão dos resultados e implantação de estratégias de mudança

O processo de monitoramento da aprendizagem dos alunos que se consolidou em Sobral pressupõe algumas etapas que se repetem ao longo do ano. Este começa com a análise dos resultados da avaliação externa e termina com mudanças na prática de todos:

1. De posse dos resultados da avaliação externa, a Secretaria de Educação promove reuniões com todos os diretores visando compartilhar os resultados de aprendizagem na rede de ensino.

2. Em seguida, a secretaria, por intermédio da Superintendência Escolar criada para centralizar o diálogo com as escolas, realiza visitas às escolas, apoiando os diretores na compreensão e análise dos resultados de sua unidade.

3. Após a reunião com a superintendência, o diretor discute os dados e seus significados com os coordenadores pedagógicos, identificando onde estão os principais problemas a serem solucionados, quais professores precisam de reforço e onde é necessário gerar mudanças.

4. Finalmente, faz-se uma reunião com a presença de todos os professores da escola. Nessa reunião o coordenador pedagógico ouve os professores e traça, com a participação de todos, estratégias para a superação dos problemas.

5. Reuniões quinzenais são realizadas nas escolas, entre coordenadores pedagógicos, professores e diretores, para assegurar, ao longo do ano, o acompanhamento da aprendizagem dos alunos e para apoiar os professores e gestores em seu trabalho.

6. Reuniões semanais em cada escola, entre diretores e coordenadores pedagógicos, núcleo gestor, com os mesmos objetivos citados no item anterior.

> *"Todo mês tinha uma meta a alcançar a realizar. Quando a gente chegava, a gente sentava, conversava e tínhamos o direcionamento dentro da escola." Professor de 1.ª série básica da Escola de Educação Infantil e ensino Fundamental Raul Ponte.*

> *"A gente está sempre avaliando como estão as coisas, onde está dando certo e onde não está. Essa avaliação é contínua. A gente vai sempre criando estratégias para superar as barreiras, sempre*

buscando ajuda dos pais. A gente não pode desistir, a persistência está sendo a nossa maior aliada. E depois da persistência, o otimismo." Coordenadora pedagógica.

"Em 2001, tínhamos 67% dos alunos não alfabetizados de 1.ª e 4.ª séries. A primeira medida foi a análise e o diagnóstico com a comunidade escolar. Tiramos uma atividade concreta: uma reunião semanal do núcleo gestor, para definir as ações para mudar. Essas mediadas eram pedagógicas e também administrativas. Criamos uma nota dentro da escola, que envolvia a avaliação dos alunos feita mensalmente pelos professores e bimestralmente pelas duas coordenadoras pedagógicas. Os dados eram analisados e então conversaríamos com os professores sobre os resultados da avaliação." Diretor da Escola Raul Monte.

Um recurso importante de monitoramento utilizado nas escolas de Sobral é a visita do coordenador pedagógico às salas de aula. Quando a avaliação externa mostra que determinada turma apresenta dificuldade de aprendizagem, o coordenador pedagógico discute com o professor formas de melhorar sua prática e marcar, se necessário, uma visita de observação do trabalho em sala de aula para adquirir mais condições de apoiá-lo. Os gestores educacionais de Sobral avaliam, hoje, que havia certo descuido com a sala de aula: afirmam que, antes das mudanças adotadas, era comum um professor utilizar uma hora e meia do seu tempo passando lição no quadro negro para que os alunos copiassem e ninguém se dava conta do que essa situação não poderia ser tolerada. Atualmente há uma compreensão de que a sala de aula não é somente do professor.

"O novo processo mexeu com todo mundo: direção, coordenação, com professores, no aspecto de capacitar, melhorar. Antes, não havia um acompanhamento, e esse novo método traz um acompanhamento para professores, cursos, capacitação. Antes ninguém via, e todo mundo se preocupou e viu a realidade, que estava precisando mudar." Coordenador pedagógico.

"A gente dá subsídios, sugestões de atividades, materiais extras e eu mesma, muitas vezes, eu entro na sala de aula." Coordenador pedagógico.

1.3.2 Missão do coordenador pedagógico em visitas às salas de aula

O coordenador pedagógico entra na sala de aula de posse da análise preliminar da prática pedagógica do professor e do que ocorre naquela turma, tendo por base os dados da avaliação externa e as discussões travadas nos encontros quinzenais em que se reúne com o diretor e com os professores. Ele vai à sala de aula para observar, não para interferir. O coordenador não auxilia o professor na realização das atividades. O objetivo principal da visita é observar para ter mais condições de apoiar o professor, identificando o que é preciso para que ele melhore sua prática. É importantíssimo que o professor saiba da visita com antecedência, tendo clara também sua razão.

Um dos sinais do desenvolvimento da cultura de monitoramento do ensino-aprendizagem nas escolas é o modo pelo qual, por iniciativa própria, diretores, coordenadores pedagógicos e professores acompanham e dão visibilidade a seus principais indicadores. Taxa de abandono, transferência expedida, defasagem série-idade e reprovação, frequência dos alunos, professores e demais profissionais, número de alunos alfabetizados e não alfabetizados, tudo especificado por série, são indicadores expressos em quadros chamados "gestão à vista". Esses quadros são fixados em mural, de modo que toda a comunidade escolar possa acompanhar a evolução dos dados. Vale ressaltar que as escolas controlam, rigorosamente, as faltas dos alunos, professores e funcionários, que são contabilizadas a cada dia letivo.

Diariamente, uma das primeiras atribuições dos diretores é verificar quais alunos faltaram. Em várias escolas, vigias e porteiros têm a função de visitar as famílias, para saber o real motivo da ausência. Caso não seja detectado nenhum problema que justifique a falta, eles explicam aos pais e às mães as razões da importância da assiduidade escolar e acompanhamento dos alunos até a escola. O uso de uma bicicleta costuma agilizar essa visita, que é feita logo no início do dia. Quando se identificou um problema maior que esteja impedindo de ir à escola, cabe ao diretor, ao professor ou ao coordenador pedagógico visitar a família e ajudar na solução do caso. Já houve necessidade de apoio do Conselho Tutelar para notificar os pais da sua obrigação constitucional pelo estudo dos filhos.

> *"Minha filha adoeceu de garganta e esteve ruim, passou uma semana sem ir à escola. A professora foi a minha casa. Desde esse tempo para cá eu não deixei mais faltar. Ela falou que quando acontecer uma doença e minha filha não puder ir, ela vai à nossa casa. Se um filho passa dois ou três dias doente, ela pede a uma pessoa para ir a casa."* Mãe de aluno.

> *"Um fato que marcou o início de 2002 foi à frequência dos meninos. Era uma prioridade ter os meninos na escola, para ter um trabalho que os ajudasse a aprender. Juntamos a equipe e fomos ver com a família o que fazer. Visitamos a família por família. Preenchíamos*

uma ficha para sabermos o problema de cada aluno que faltava e começamos a obter resultados a partir daí. Também 'premiamos' os alunos que não tivessem nem uma falta no mês, com brindes. Eram brindes baratinhos comprados nas lojas de R$ 1,99. Para eles e suas famílias é o máximo. Motivou tanto!" Diretor da Escola Elpídio Ribeira.

É importante ressaltar que os procedimentos internos de monitoramento variam de escola para escola: cada uma usa sua criatividade para verificar como está caminhando rumo às metas de aprendizagem e como pode superar seus problemas. As ideias inovadoras e que dão bons resultados são partilhadas entre as várias escolas e acabam sendo adotadas em toda a rede, como o caso do "Gestão à visita". A Secretaria de Educação exerce efetivamente seu papel de responsável pela qualidade da educação em âmbito municipal, orientando, subsidiando e monitorando, mas não impõe uma forma única de agir. O importante é que as escolas alcancem suas metas aprimorando a qualidade de ensino-aprendizagem, realizando suas ações de acordo com as grandes estratégias da política municipal e com os valores e diretrizes expressos na Lei de Diretrizes e Bases da Educação Nacional (LDB).

É natural que apareçam resistências em função das mudanças introduzidas na forma de pensar e operacionalizar a "nova escola". As maiores resistências encontradas entre os professores em relação às formas de monitoramento adotadas pela política educacional não foram marcadas por questões teóricas ou metodológicas, e sim pelo medo de estar sob uma situação de avaliação e exposição de seu trabalho. O reconhecimento do professor como agente em processo de aprendizagem foi central para a superação dessas resistências. Um profissional que não foi bem avaliado, mas tem empenho e apoio, passa a ter maiores condições de obter um resultado melhor no próximo ano. Com o tempo, os professores foram percebendo que o monitoramento não era feito para acusá-los ou colocar em risco sua progressão no plano de carreira e sim para trazer subsídios à melhoria de sua prática e, consequentemente, aperfeiçoar a aprendizagem de seus alunos.

A relação do diretor com o coordenador pedagógico na busca das situações que prejudicavam a aprendizagem na escola também foi fundamental para lidar com as resistências dos professores dados objetivos da avaliação externa em relação à sua atuação, bem como hipóteses que justificavam os resultados. Traziam elementos para questionar os argumentos dos professores e, sobretudo, ajudá-los a refletir sobre sua prática. Havia professores que sempre recorriam à crítica do método de aprendizagem adotado pela Secretaria de Educação. Aos poucos, esses argumentos foram perdendo força, pois os mais resistentes não tinham como explicar a razão pela qual um colega, atuando com o mesmo método de ensino, passando pelo mesmo processo de formação, recebendo o mesmo salário e sendo orientado da mesma forma, alcançava melhores resultados. Além disso, aguçou-se a percepção de que a adoção das novas práticas incidia positivamente sobre a aprendizagem das crianças.

No geral, foi quando os resultados começaram a aparecer que o processo de amadurecimento e consciência da responsabilidade de todos foi se solidificando. Hoje, há indícios de que a cultura da avaliação e do monitoramento da aprendizagem faz parte da prática e do universo cultural da escola. Evidentemente, num ambiente democrático, sempre pode haver questionamentos e conflitos com os quais é preciso lidar cotidianamente.

1.3.3 A participação das famílias

A responsabilização das famílias pela aprendizagem das crianças e o incentivo à participação da comunidade na vida escolar foram centrais para o sucesso da política educacional de Sobral, em especial na diminuição do número de faltas e da taxa de abandono. Logo após ter acesso aos primeiros resultados da avaliação externa de aprendizagem das crianças, a Prefeitura Municipal percebeu que seria necessário mobilizar as famílias para que compreendessem a gravidade do problema educacional no município e se sentissem comprometidas com as mudanças propostas pela nova política de educação. Nesse sentido, no início da gestão de 2001-2004, a Secretaria de Educação, em vez de esconder os péssimos resultados diagnosticados, procurou estabelecer uma relação direta com as famílias, promovendo reuniões com alta participação de pais nas diversas unidades escolares, inclusive na zona rural. Era preciso comunicar à comunidade, de uma forma adequada, que a escola não estava ensinando. O secretário de educação participava pessoalmente das reuniões, convocando os pais a estarem mais presentes na vida escolar de seus filhos, a acompanhar de perto o que se passava dentro das escolas e a reivindicar melhorias. Durante as reuniões, era comum ver pais e mães afirmarem que a escola era "muito boa" ou "excelente". Diante dessas afirmações, o secretário municipal costumava perguntar: "Como a escola pode ser boa se não está ensinando seus filhos"? As reuniões não visavam apontar culpados. Ninguém dizia "o problema é o diretor ou a diretora, o professor ou professora", mas "todos são responsáveis". A ideia era reforçar a necessidade de uma transformação que seria possível somente com a participação de todos. Tal processo incentivou a participação da comunidade. Além das reuniões, as rádios locais foram um importante meio de comunicação das novas propostas da política de alfabetização.

> *"A escola é um ponto de educar crianças, os jovens, mas se não tiver um acompanhamento da família isso é incompleto, tem que ter o acompanhamento da família, a escola não pode fazer mágica. A escola faz a gente sentir responsabilidade." Mãe de aluno.*

No decorrer da implementação da nova política, a mobilização das famílias foi assumida pelas escolas. Entrevistas com pais e mães mostram que eles passaram a frequentar mais o espaço escolar porque têm satisfação de ver os filhos aprendendo, participando dos eventos, fazendo leituras de poesias, dançando, praticando esportes, expondo seus desenhos. Depoimentos de gestores escolares e professores relatam que antes, nas festas, eram sempre os adultos que faziam as apresentações, agora são as crianças. Mas o envolvimento efetivo dos pais e mães na vida escolar, apesar dos avanços, continua a ser um desafio para muitas escolas. A Secretaria de Educação admite que precisa investir mais na atuação dos Conselhos Escolares como meio de fortalecer o princípio da gestão democrática nas escolas, conforme explicitado na LDB. As escolas consideravam extremamente difícil o envolvimento dos pais no processo educativo dos filhos. Visando a superar o problema, passaram a mostrar a eles o que acontecia no dia adia, expor os resultados alcançados nas avaliações, falar sobre as turmas que estavam com mais dificuldades, homenagearem em eventos os pais de alunos com 100% de frequência nas aulas eram convidados a subir ao palco e aplaudidos. Há casos de diretores que vão às rádios convocar este ou aquele pai ou mãe para o cumprimento da obrigação de fazer com que o filho frequente a escola.

> *"Quando eu comecei a trabalhar aqui, fazíamos reuniões e vinham pouquíssimos pais. Hoje a gente faz reuniões mensais, no final do mês e já sente uma presença maior de família." Coordenadora pedagógica.*

> *"Achei muito importante o aprendizado dele, porque ele é uma criança inteligente. Apesar de ser um pouco parado, ele é inteligente. Tudo que ele trazia da escola, vinha e me mostrava: historinhas, tarefas. Apesar de eu não ter muito tempo para estar em casa com ele, porque eu trabalho durante oito horas, o momento que eu*

tinha eu estava olhando as tarefas, olhando tudo." Mãe de aluno da 1.ª série regular da Escola de Educação Infantil e Ensino Fundamental Elpídio Ribeiro.

"Eu vi o diretor na rua, entrando para pagar a conta de água, eu fui lá e disse: Obrigada, meu filho aprendeu a ler no ano passado. Eu estou muito feliz com isso." Mãe de aluno da 2.ª série da Escola de Educação Infantil e Ensino Fundamental Antenor Naspoliui.

"Sempre que as crianças faltam, a gente vai buscar e chama os pais para conversar nas reuniões: olha, você viu como seu filho começou e como era seu filho e como está agora? Mostrando o crescimento que a criança teve ao longo do tempo que esteve na escola." Coordenadora pedagógica.

1.3.4 O prêmio escola alfabetizadora

Também com o objetivo de fortalecer as possibilidades de alcance das metas mediante o envolvimento de toda a comunidade escolar, foi instituído o Prêmio Escola Alfabetizadora. O prêmio é concedido ao corpo docente lotado nas turmas de 1.ª série básica – crianças de seis anos –, e regular – crianças de sete anos. Meta 1, em turmas de 2.ª e 4.ª séries, com crianças maiores de oito anos, e não leitoras, Meta 2. Em 2003 a Secretaria de Educação, por meio de portaria, estabeleceu que poderia ser contemplada toda escola que:

- Obtivesse o percentual geral mínimo de 90% de alfabetizados, considerando os alunos das turmas correspondentes à Meta 1 e à Meta 2;

- Obtivesse, na 1.ª série básica, o resultado mínimo de 75% de alunos alfabetizados;

- Fizesse com que todas as suas turmas alcançassem um percentual superior a 70% de alfabetizados;

- Fizesse com que, pelo menos, 98% dos alunos das Metas 1 e 2 passassem pelo processo de avaliação externa de aprendizagem. As transferências deveriam ser comprovadas por meio do documento de matrícula do aluno na escola de destino.

Os valores anuais à época da premiação, 2003, foram os seguintes: R$ 1.500,00 para diretores, R$ 1.250,00 para coordenadores pedagógicos e vice-diretores e R$ 1.000,00 para professores alfabetizadores. Em 2003, 17 das 38 escolas foram premiadas, destacando-se pelos resultados obtidos na alfabetização. No ano de 2004, foram contempladas 20 escolas. Um dos efeitos observáveis do prêmio é a "lotação dos melhores professores" das escolas nas turmas com os piores resultados, na busca de inverter o quadro. Infelizmente, visando ao prêmio, algumas unidades tentaram transferir alunos com baixo desempenho para outros estabelecimentos ou impedir a participação das crianças na avaliação externa. A Secretaria de Educação precisou se valer de alguns mecanismos de inibição de condutas inaceitáveis: se um aluno for transferido após o mês de setembro, seu resultado será contabilizado na escola de origem. Além disso, estabeleceu como critério de premiação que, no mínimo, 98% dos alunos de cada unidade escolar passem pela avaliação externa. Garantiu ainda o diálogo com as escolas sempre que se percebia a existência de algumas práticas antiéticas na busca desesperada de resultados a qualquer custo.

Em 2001, o regulamento do prêmio previa que somente cinco escolas poderiam ser agraciadas, o que gerou um ambiente de competição indesejável. Nesse primeiro formato, a Secretaria de Educação não tinha um parâmetro de avaliação do quanto as escolas poderiam avançar na sua capacidade de alfabetização no período de um ano. Havia grandes disparidades entre as escolas no município, o que dificultava ainda mais a obtenção desses parâmetros. A solução desse problema inicial somente foi possível após os dois primeiros anos de implementação da política de alfabetização, devido ao contínuo processo de avaliação da aprendizagem das crianças e também à diminuição das disparidades entre as escolas. O formato do prêmio tem sido aprimorado ano a ano, de acordo com os avanços alcançados pela Rede de Educação Municipal.

"Mas existe uma competição, sim, todo mundo quer estar na frente, quer estar melhor, e isso é muito bom, isso tem impulsionado, porque no mundo a gente faz comparações, quer trocar figurinhas. Mas, também, a gente faz isso com tranquilidade, sem desespero, quer dizer, a gente sempre diz: 'Olha, é bom alcançar, porque se a gente não alegrar, a gente não vai se sentir bem, não vai sentir a paz e não vai se alcançar o suficiente'. Algumas pessoas se sentem pressionadas, mas sempre se trata de trabalhar isso, porque isso daí é negativa." Coordenadora pedagógica.

1.4 AVALIANDO E MONITORANDO O ENSINO-APRENDIZAGEM

Não é nenhuma novidade afirmar a importância da realização de um diagnóstico, da definição de metas claras e precisas e do estabelecimento de prioridades para o sucesso na implementação de uma política, em especial a educacional. Difícil é verificar a existência de uma experiência que siga exatamente esse percurso. Esse foi o caso de Sobral. Planejar, estabelecer metas e prioridades significa tomar decisões, o que muitas vezes não é fácil em situações como a da maior parte dos municípios brasileiros, onde as carências são enormes. Os gestores de Sobral não tiveram medo de fazer suas escolhas, mesmo tendo, muitas vezes, incorrido em propostas polêmicas no meio educacional. Apostaram na adoção de estratégias coerentes entre si, buscando convergir todos os esforços para a efetivação das suas prioridades.

De acordo com o Centro de Estudos e Pesquisas em Educação, Cultura e Ação Comunitária (Cenpec),

> "O diagnóstico é sempre o ponto de partida para qualquer Plano de Ação Educativa, fundamentando a compreensão da realidade local e permitindo que as decisões tomadas sejam adequadas a cada contexto. No entanto, além de fundamentar as proposições, é necessário ainda que as equipes gestoras se comprometam com os resultados previstos no plano, acompanhando-os e avaliando--os permanentemente. Só assim é possível medir, durante todo o processo de execução das ações, até que ponto foram certas e estão promovendo os resultados desejados ou se precisam ser reorientadas". (CENPEC, 2005, s/p.).

A criação e a implementação de mecanismos sistemáticos de monitoramento e de avaliação do alcance das metas são pontos centrais na experiência de Sobral. A visita a uma escola do município permite ver, in loco, uma cultura de monitoramento da aprendizagem se consolidando. Quadros fixados em murais dão visibilidade a dados relativos do desempenho escolar e à frequência de alunos, professores e funcionários. Professores, coordenadores pedagógicos e diretores têm a formação e os mecanismos necessários para a produção e a análise desses indicadores; sabem levantar hipóteses para as dificuldades encontradas e traçar estratégias para a solução de problemas. Atribuem significado ao monitoramento dos indicadores e sabem usar isso como uma ferramenta de trabalho. Demonstram orgulho em saber ler um gráfico.

O monitoramento da frequência dos alunos exige um comentário à parte. Esse é um indicador de muitas faces: diz respeito ao modo pelo qual o aluno se sente acolhido na escola, remete ao significado atribuído ao que está aprendendo, diz algo sobre como a família vê a escola, além de incidir sobre o índice do abandono. Os mecanismos adotados para evitar as faltas dos alunos vão ao encontro das mudanças implementadas na sala de aula.

O desenvolvimento da cultura do monitoramento da aprendizagem nas escolas teve a contribuição de vários fatores. A Superintendência Escolar superou o modelo de fiscalização e estabeleceu com os diretores uma relação pautada na confiança, fortalecendo a ideia de que todos estão no mesmo barco. O Prêmio Escola Alfabetizadora e o incentivo salarial dos professores alfabetizadores, além de propiciarem o reconhecimento financeiro do desempenho, atuam no âmbito do simbólico, mobilizando as pessoas pelo legítimo desejo humano de alcance do reconhecimento. Embora desvios de conduta em razão da busca por resultados tenham sido detectados em algumas escolas, os gestores educacionais de Sobral garantem que estão sempre atentos, discutindo com os diretores escolares a ética no campo profissional. A revisão dos formatos anuais do prêmio atesta a adoção, ano a ano, de mecanismos inibidores de abusos.

A metodologia de avaliação externa da aprendizagem adotada é de fácil compreensão, permite a verificação e o acompanhamento das metas municipais e possui objetivo claro e compartilhado com os envolvidos. Ela é explicita na intenção de preservar os alunos de qualquer constrangimento em função de seu nível de aprendizagem. As análises dos significados dos resultados da avaliação ocorreram em diversos âmbitos: nas visitas do superintendente às escolas, nos encontros entre a Secretaria de Educação e o grupo de diretores, nas reuniões dos diretores com os coordenadores pedagógicos e destes com os professores. São momentos fundamentais para a correção de rotas, visando ao cumprimento das metas de aprendizagem. A Secretaria de Educação possui uma estrutura de tratamentos de dados capaz de apresentar os resultados da avaliação externa por escola, por turma e por aluno, permitindo identificar onde estão os problemas.

Os mecanismos de monitoramento existentes no município possibilitam relacionar:

a. O trabalho de cada um dos professores, devido aos resultados da avaliação externa, as discussões dos encontros quinzenais entre diretores, coordenadores pedagógicos e professores e a observação na sala de aula feita pelo coordenador;

b. A situação relativa à infraestrutura, à organização administrativa e à implementação da proposta pedagógica, por meio dos indicadores adotados pela Superintendência Escolar;

c. Os resultados da aprendizagem dos alunos.

Os processos formativos implementados contribuíram muito para a cultura de monitoramento. Foram além, focalizando o papel de cada um, suas responsabilidades diante da complexidade cotidiana do processo educativo e estimulando todos a refletirem sobre o desenvolvimento do seu trabalho.

A centralidade que os gestores escolares assumiram no sistema educacional foi determinante para o sucesso da política. Eles são os responsáveis por fazer a Gestão dos recursos da escola, visando ao alcance de seu projeto educacional. Destacam-se, nesses profissionais, o compromisso, a liderança, o otimismo e a capacidade de assumir e responder pelos resultados de aprendizagem dos alunos.

Caminhos para a adoção de processos de avaliação e monitoramento:

- Realização de diagnóstico, definição de metas e estabelecimento de parcerias.

- Fomento à consolidação de uma cultura de monitoramento nas escolas que inclua mecanismos de avaliação interna da aprendizagem e controle da frequência de alunos, professores e funcionários.

- Acesso aos indicadores de desempenho escolar e compreensão dos seus significados por toda a comunidade escolar.

- Compromisso de toda a comunidade escolar com as metas da política municipal.

- Responsabilização dos diversos atores, com definição clara de papéis.

- Formação em serviço que garanta: desenvolvimento da capacidade de analisar indicadores e de planejar e acompanhar o dia a dia da escola, adoção de instrumentos de orientação da prática e estímulo à observação dos detalhes cotidianos do processo educativo.

- Criação de um órgão na Secretaria de Educação responsável pelo monitoramento do desempenho escolar e pelo apoio técnico às escolas, a "Superintendência Escolar".

- Relação de confiança e apoio entre Secretaria de Educação e diretores e entre diretores e sua equipe.

- Realização de reuniões pedagógicas quinzenais nas escolas com a participação de professores, coordenadores pedagógicos e diretores.

- Adoção de incentivo salarial para professores alfabetizadores e prêmio para as escolas que alcançarem suas metas.

- Realização semestral de avaliação externa da aprendizagem dos alunos.

- Obtenção de parâmetros objetivos para adoção de estratégias que visam à melhoria da qualidade da educação, isto é, monitoramento de resultados com base em indicadores.

- Estruturação da secretaria para um tipo de tratamento de dados que organize as informações de desempenho por aluno, professor, turma e escola.

1.4.1 Mudando a prática pedagógica nas escolas

A experiência de Sobral indica que a implementação de um novo método de ensino passa pela formação continuada do professor para que o compreenda e o transponha didaticamente para a prática pedagógica, garantindo que chegue de fato à sala de aula. A formação do professor alfabetizador também foi fundamental para a consolidação de uma nova dinâmica da rotina da sala de aula, lúdica, ágil e interessante. Destacam-se no processo de formação e elaboração coletiva do material utilizado o desenvolvimento da capacidade de planejamento e a observação da prática pedagógica em sala de aula, visando à orientação e à experimentação das atividades a serem desenvolvidas com os alunos, possibilitando ao professor a atribuição de significados à sua prática. Esse trabalho permitiu a estruturação do processo de ensino-aprendizagem situando-o numa rede, cujo centro é o aluno, sujeito de fato e de direito do processo educativo.

Ensino-aprendizagem

- Aulas dinâmicas, interessantes, lúdicas.

- Orientação detalhada ao professor sobre o método de ensino.

- Observação da prática do professor e orientação para mudanças.

- Formação que possibilite ao professor a atribuição de significados à sua prática.

- Ambiente educativo solidário, alegre, comprometido, responsável e participativo.

A adoção de um material de orientação ao professor, que funcionou como guia de sua ação na sala de aula foi também estratégia fundamental para a mudança da prática pedagógica. Para cada atividade a ser desenvolvida, o guia explicava tudo, com detalhes, sendo responsabilidade do professor realizar as atividades propostas. Com o tempo, os professores foram se sentindo mais seguros diante do novo método de ensino, passando a planejar e gerenciar o tempo pedagógico com mais autonomia, com condições para incrementar, com sua criatividade, as Matrizes Pedagógicas. Métodos alternativos eram permitidos aos professores e aos diretores, desde que houvesse o compromisso de se alcançar as metas de aprendizagem.

O incentivo salarial foi importante para mobilizar os professores alfabetizadores rumo a um melhor desempenho. Ganhando mais, poderiam ter uma vida melhor. E o incentivo foi estabelecido num valor significativo: 30% do piso salarial. O investimento em materiais pedagógicos que despertam o interesse da criança por jogos e literatura infantil também foi considerável. Não foram adquiridos aleatoriamente e sim escolhidos de acordo com o método de ensino adotado.

Roteiro para a mudança da prática pedagógica:

- Adoção de um método de ensino claro que esteja voltado para a solução dos problemas de aprendizagem diagnosticados e que incida sobre a rotina da sala de aula.

- Rotina da aula dinâmica, interessante e lúdica.

- Adoção de um tipo de formação que contempla a observação em sala de aula, a identificação de estratégias para a melhoria da atuação e o acompanhamento da implantação dessas estratégias.

- Material pedagógico que orienta, em detalhes, a atuação do professor na sala de aula para estruturação do ensino-aprendizagem.

- Flexibilidade para mudanças em relação ao método de ensino adotado, desde que haja compromisso com os resultados.

- Incentivo salarial.

- Monitoramento dos resultados do trabalho do professor via avaliação externa de aprendizagem e observações da prática em sala de aula, por coordenadores pedagógicos.

- Fortalecimento do trabalho em equipe.

- Inserção de coordenadores pedagógicos nas equipes das escolas.

- Investimento em literatura infantil e jogos pedagógicos.

- Compreensão de que o aluno é o centro do processo educativo.

1.4.2 Desafios atuais

Embora as aprendizagens propiciadas pela recente experiência educacional de Sobral sejam muitas – algumas vezes inovadoras, encantadoras ou polêmicas –, é preciso que as localizemos num contexto de mudanças em curso. São muitos os desafios para que a qualidade da educação se consolide em toda a rede de ensino, de forma sustentável. Para alguns deles, os gestores educacionais de Sobral já estavam, há algum tempo, atentos. Outros foram frutos da reflexão de especialistas da área educacional em torno dessa publicação.

As ações e os resultados que giram em torno das séries iniciais da alfabetização ainda precisam ser expandidos para séries finais do ensino fundamental, sob pena de a aprendizagem, hoje assegurada às crianças menores, não se tornar, de fato, o ponto de partida para uma escolarização de qualidade nos anos subsequentes. Experimentações válidas e responsáveis ocorreram na educação de jovens e adultos; no entanto, ainda não é possível dar um salto significativo de qualidade nesse setor. A educação infantil, como ocorre em muitos municípios, carece de mais recursos para avançar na qualidade do atendimento às crianças pequenas.

Os gestores educacionais de Sobral precisam ampliar o investimento e a capacitação dos conselhos escolares, fortalecendo, assim, os princípios de gestão democrática, conforme estabelecido pela Lei de Diretrizes e Bases da Educação. Ainda que a participação dos pais e mães tenha crescido na maioria das escolas, não pode ser considerada suficiente para garantir a sustentabilidade dos pressupostos da Política Educacional. A capacitação da rede de ensino para lidar com a diversidade dos alunos nas escolas, incluindo aí as crianças com deficiência, ainda não foi objeto de ações concretas por parte da Secretaria de Educação. Apesar disso, foram registradas, durante visita de profissionais do Instituto Nacional de Educação e Pesquisa (Inep), alguns estabelecimentos de ensino do município, iniciativas em algumas escolas visando ao acolhimento e à integração de alunos com necessidades especiais.

Qualificar o processo de letramento das crianças, reforçando os avanços já obtidos em alfabetização, deverá ser um foco de investimento por parte dos gestores educacionais de Sobral, garantindo aos alunos um melhor desempenho, sobretudo, na compreensão de textos. Caminhando nessa direção, com a preocupação de agregar valor ao monitoramento da aprendizagem dos alunos da rede municipal, a Secretaria de Educação estabeleceu um convênio de cooperação com o Inep, que disponibiliza os itens das provas do Sistema Nacional de Avaliação da Educação Básica (Saeb) e analisa os resultados. A secretaria tem a responsabilidade pela aplicação dos instrumentos de avaliação. Até o momento, os resultados ainda não captaram o impacto da nova política de alfabetização do município (iniciada em 2001/2002), uma vez que em 2003, primeiro ano de execução do convênio, os alunos da 4.ª série não tinham dela se beneficiado. Em 2004, percebeu-se uma leve melhoria dos indicadores. Avalia-se, em Sobral, que esse fato ainda não pode, com segurança, ser creditado à nova política. A partir de 2005, espera-se que os dados expressem melhorias mais expressivas. Caso isso não ocorra, novas mudanças na política deverão ser implementadas.

Os programas de reforço escolar precisam ser aprimorados como meio de assegurar a plena integração dos alunos de 2.ª a 4.ªséries, de modo que, ao voltarem de classes de alfabetização para suas turmas oficiais, possam acompanhar com mais facilidade todos os conteúdos e atividades, diminuindo assim os índices de reprovação nesse grupo de alunos. A Secretaria de Educação deverá, ainda, continuar projetando e implementando mecanismos que visem diminuir as diferenças entre as escolas, no que diz respeito aos resultados de aprendizagem, à participação dos pais e mães e à qualidade da infraestrutura, do ambiente educativo e da gestão escolar.

Por fim, há também a necessidade de completar o processo de municipalização do ensino fundamental, pois, até o momento, o município responde apenas pelas turmas de 1.ª a 5.ª série.

CAPÍTULO II

O MÉTODO DE ALFABETIZAÇÃO ANALÍTICO GLOBAL ADOTADO PELO PROFESSOR EDGAR LINHARES EM SOBRAL

2.1 MÉTODO ANALÍTICO GLOBAL

Estrutura de Trabalho com a Frase, Meta 1 - 1.ª Básica (Hora da Frase).

O estudo da frase no seu contexto dá ênfase à marcha analítica de alfabetização – "Método Global" –, partindo do todo (textos, frases, palavras) para as partes (sílabas e letras).

Funcionalidade:

Trabalhar a leitura e a escrita partindo de uma frase significa considerar a existência de um contexto imbuído de significação e relevância para esses processos. Assim, as palavras ganham um sentido maior, quando agrupadas em frases e textos, alargando o poder interpretativo do leitor.

Observações:

- O professor irá trazer as frases escritas em tamanho grande, num cartaz, utilizando letra bastão.

- O professor deverá apresentar as frases para os alunos seguindo os passos abaixo:

1.º Dia

1. Perguntar aos alunos o que eles acham que está escrito. Ouvir os alunos. O professor irá começar a incentivar os alunos para que eles tentem decodificar o que está escrito, dando dicas. Ex.: "Qual é o lugar onde aprendemos muitas coisas?", "Onde encontramos e fazemos novos amigos?" etc.

2. Fazer a leitura lenta das frases, apontando palavra por palavra, inicialmente sozinho.

3. Deverá proceder à leitura das frases, solicitando que os alunos leiam com ele: "Vamos lá, a primeira palavra, todo mundo dizendo depressa, devagar, com boquinha de peixe, gritando... Agora, a 2.ª palavra...", até fazer a leitura de todas as palavras.

4. Sugerir fazer a leitura de trás para frente: qual é a última palavra?

5. Contar quantas palavras há nas frases: o professor irá contar junto aos alunos.

6. Chamar os alunos para dizer os nomes das letras que formam as palavras das frases.

7. Chamar os alunos para contar quantas letras há na frase toda.

8. Solicitar que alguns se levantem e mostrem na frase determinada palavra dita por ele: fazer uma competição.

9. Solicitar que cada aluno pegue seu caderno de atividades e procure as frases trabalhadas. Cada aluno deverá fazer a leitura da frase em voz alta, depois em silêncio.

10. Cada aluno irá resolver questões do caderno das atividades referentes às frases.

2.º Dia

1. Expor as frases e fazer a leitura com os alunos apontando palavra por palavra.

2. Após essa primeira leitura, o professor fará uma nova leitura com mais velocidade, solicitando que os alunos leiam a frase com essa velocidade: fazer a leitura de diferentes formas.

3. Entregar folha de papel ofício para cada aluno para que eles possam escrever a frase. O professor vai explanando passo a passo essa escrita. "Vamos escrever a primeira palavra? Qual é a primeira palavra? Ela inicia com que letra?" O professor vai fazendo esse passo a passo no quadro, escrevendo todas as palavras, lendo-as.

4. Após todos terem escrito as frases, o professor solicita que leiam todos juntos e depois individualmente.

5. O professor levará cartelas feitas de papel ofício com palavras das frases. Irá pregá-las no quadro, desordenadas, e fará a leitura dessas palavras com os alunos.

6. Pedir que cada aluno escreva as palavras das frases expostas no quadro, numa folha ½ ofício, colocando-as em ordem. Nesse momento, ele vai passando pelos alunos, observando-os e ajudando-os quando preciso.

7. Explorar cada palavra, batendo palmas para cada sílaba delas. Contar quantas sílabas há em cada palavra, junto ao professor, que irá circulando cada sílaba no quadro.

8. Os alunos farão a leitura das palavras das frases, circulando cada sílaba na folha em que cada um escreveu.

9. Cada aluno irá resolver as questões do caderno de atividades referentes às frases.

3.º Dia

1. Apresentar as frases, lendo-as com os alunos, de trás para frente, do meio para o fim, do meio para o início, do início para o fim.

2. O professor trará várias cartelas de papel-ofício com as palavras da frase. Dividirá os alunos em cinco grupos. Um grupo de cada vez ficará em pé num círculo no centro da sala, o professor irá dispor as cartelas com as palavras espalhadas pelo círculo, de frente para os alunos. Irá propor uma competição: ele dirá uma palavra e cada aluno terá de encontrá-lo no meio das outras, pegá-las e fazer sua leitura. Se o grupo tiver seis componentes, será necessário ter a mesma palavra seis vezes para dar oportunidade a todas as crianças do grupo de encontrarem a palavra. Repetir o mesmo procedimento com todas as palavras que formam as frases e com todos os grupos.

3. Entregar a cada aluno uma palavra da frase que foi usada na competição. Cada aluno fará a leitura da palavra que recebeu e pintará as letras solicitadas pelo professor.

4. Cada aluno resolverá as questões do caderno de atividades referentes às frases.

4.º Dia

1. Apresentar as frases, fazer a leitura junto aos alunos.

2. Abaixo do cartaz das frases já apresentado, o professor terá preparado um papel ofício para cada palavra da frase, escrevendo uma sílaba de cada cor.

EU TE NHO U MA NO VA CA SA

3. Contar com os alunos quantas palavras e quantas sílabas há na frase.
4. Explorar com os alunos cada palavra individualmente, pronunciando o som de cada letra e sílaba.
5. Solicitar que os alunos repitam de diferentes maneiras os sons de cada letra e sílabas.

5.º Dia

1. O professor fará a leitura das frases com os alunos com a velocidade acelerada.
2. Cada aluno receberá ½ ofício para fazer a escrita das frases.
3. O professor solicitará que cada aluno leia a frase palavra por palavra, no quadro.
4. O professor trará cada palavra das frases escritas em uma folha de papel-ofício e irá pregá-las no quadro. Abaixo de cada palavra, ele colocará uma folha de papel ofício, segundo o exemplo:

EU	MINHA
MEU	LINHA

5. Solicitar que os alunos façam a leitura da palavra da frase que está acima, ex.: EU, depois explorar as letras dessa palavra.
6. O professor passa para a palavra que está embaixo e pergunta:
   - Essa palavra tem as mesmas letras que a palavra de cima?
   - Quais são as letras que se repetem na palavra de cima e na de baixo?
   - Tem alguma letra diferente?

- Qual é o nome dessa letra?
- Qual o som que se formou colocando essa letra?
- Vamos ler?
- Qual a diferença entre a primeira e a segunda palavra?

7. Entregar uma folha de ofício para cada criança e solicitar que elas escrevam as palavras.

8. Cada aluno irá resolver as questões do caderno de atividades referentes às frases.

2.1.1 Lista de perguntas que orientam coordenadores pedagógicos e diretores no conhecimento da rotina de suas escolas

- Quanto tempo os professores levam para fazer a chamada dos alunos?
- Quanto tempo eles gastam na realização de cada atividade proposta aos alunos?
- Que atividades são propostas e quantas são realizadas em um dia?
- Essas atividades interessam aos alunos?
- Quanto tempo o recreio ocupa em relação ao total de tempo que os alunos permanecem na escola?
- Os professores se atrasam para começar a aula?
- Há muitos alunos que chegam atrasados?

Devido ao sucesso absoluto da rede municipal de Sobral por ter aplicado o Método Analítico Global de Alfabetização, é imperativo o seu aprofundamento. É nesse momento histórico (manifesto dos pioneiros da educação de 1930 e 1959) que, sob influência da psicologia experimental às questões prioritariamente relativas ao ensino, vêm-se acrescentar e, tendencialmente, sobrepor-se as referências à aprendizagem (inicial e simultânea) da leitura e da escrita enquanto técnicas fundamentais da escola primária. Por exemplo, no Rio Grande do Sul, uma vez os alunos das áreas urbanas saíam da escola sem o domínio das habilidades básicas de ler, escrever e contar, sendo somente o seu domínio insuficiente para educar integralmente os futuros cidadãos. Esse modo de compreender os processos de escrita e de leitura estava articulado às discussões sobre os métodos, em especial, os métodos analíticos, que partem do todo para as partes e procuram romper com o princípio da decifração.

Nesse momento da história educacional do Brasil e da história da alfabetização, observa-se uma mudança no discurso pedagógico relacionado à aprendizagem da leitura e da escrita. Os métodos de ensino e de leitura utilizados até então, como o sintético, que principia pelo estudo das letras, fonemas ou sílabas, são considerados ultrapassados, e os métodos analítico ou global são considerados inovações pedagógicas. É preciso, no entanto, esclarecer que, como sabemos, a história da aprendizagem da leitura e da escrita, como outros processos pedagógicos, é marcada pela oposição de métodos tidos como inovadores ou tradicionais, embora tais categorias não deem conta da diversidade de métodos e da possibilidade de combinação entre eles, ao considerar que não há evento histórico que não seja produto de dadas relações sociais, de tensões, conflitos e alianças, em torno do exercício do poder de cada forma de organização da sociedade, produto de práticas e atitudes humanas, individuais e coletivas. Assim, na emergência desse novo discurso pedagógico, observamos as tensões, os conflitos e a luta para que determinado método de alfabetização prevaleça sem deixarmos de considerar que nesse processo há constituição de temporalidades múltiplas, no sentido que os métodos sintéticos não foram totalmente abolidos em razão dos métodos analíticos. Há discursos pedagógicos "acotovelando-se num mesmo momento histórico" (atualmente bolsonaristas/fônicos x lulistas/freirianos), pois "a constituição de diferentes estratos de acontecimentos multiplica as descontinuidades e introduz a ideia de temporalidade múltipla, série de acontecimentos, com durações próprias".

Alguns exemplos dessa simultaneidade de discursos é o lançamento da *Cartilha Caminho* (Suave Edições, 1948), utilizada até 1990, e da *Cartilha Sodré* (Cia Editora, 1940), ambas trabalham com o método sintético de silabação, apesar de ser um período de ampla defesa dos métodos analíticos por parte dos pesquisadores e dos governos. Bem como, "em Minas Gerais, após anos de indicação oficial do método global, temos, nos anos 70, a introdução do Projeto Alfa para classes com dificuldades de aprendizagem, nas quais se adota o método fônico hoje, proposto pelo Ministério da Educação".

A *Cartilha Maternal*, obra do poeta luso João de Deus, destacava o método de leitura do autor. Para ele a primeira condição de ensinar por esse método seria privilegiar o "estudo da fala", o que incluiria considerar os elementos da fala e símbolos gráficos correspondentes. Contudo, embora com esse caráter fonético, vale destacar que a *Cartilha Maternal* não fragmentava a palavra ao proceder à análise fonética e ao ensinar regras, sendo assim possível dizer que tal método de leitura, unidade da palavra/fonetização, poderia pertencer à orientação metodológica de leitura analítica, por partir da unidade linguística: a palavra.

Julgo pertinente mostrar essas nuances das disputas pela hegemonia de um método em detrimento de outro, pois permitem ver os deslocamentos que sofrem os métodos à medida que "novos" discursos vão sendo produzidos. Nesse contexto, os métodos globais de ensino da leitura vão gradativamente, também, enfatizando os aspectos psicológicos em detrimento dos linguísticos e pedagógicos, uma vez que os adeptos do método global utilizavam argumentos apoiados em pressupostos da psicologia da Gestalt e da psicologia infantil. A contribuição das ideias e princípios da Gestalt somam-se às conclusões das pesquisas da psicologia infantil, segundo as quais o aprendizado da leitura deve partir do concreto para o abstrato. Nessa perspectiva psicológica, observa-se a importância da identificação dos principais elementos de composição da imagem de modo que o conjunto gráfico possibilite a compreensão do significado exposto. Assim, a leitura não é ponto de partida, é uma consequência, no processo de aprendizagem. Isto é, parte-se de uma situação concreta que faz parte do cotidiano da criança, elabora-se uma frase cujo conteúdo seja representativo e de vocabulário familiar. A frase é expressa oralmente e, em seguida, escrita. Depois vem o reconhecimento e, finalmente, a leitura.

Observa-se também uma modificação nos textos das cartilhas e dos primeiros livros "que passam a apresentar as brincadeiras e as peraltices das crianças como parte do universo infantil, tratando-o como um mundo à parte". As lições de boas maneiras, bem como as de respeito, tolerância e afeição, seriam gradativamente suavizadas e substituídas, durante as primeiras décadas do século XX, por textos que descreveriam os personagens, geralmente meninos e meninas, acompanhados de seus brinquedos ou de animais de estimação. Assim, ao final das cartilhas, os textos de cunho cívico, religioso e moralista iriam cedendo lugar a advinhas, poemas, contos da carochinha, marcando uma infantilização de alguns temas, como o do mundo do trabalho e o envolvimento das crianças com ele. Nesse sentido, podemos observar o que Cook-Gumperz (2008) argumenta sobre a transformação da alfabetização de uma virtude moral para uma habilidade cognitiva, sendo considerada pela autora a chave para as mudanças ideológicas do século XX. Segundo Cook, o desenvolvimento de uma situação nacional de educação pública, bem como um padrão nacional de alfabetização, significou que as escolas se transformaram num dos principais canais para a transmissão seletiva do conhecimento. Em tal situação, muito mais ênfase é colocada sobre a crescente sofisticação tecnológica das técnicas de ensino e aprendizagem, como um meio de desenvolver as habilidades cognitivas das crianças. Assim sendo, a implantação do método global, nessa época, foi influenciada pelo trabalho de pensadores teóricos do ativismo: Decroly e Freinet, entre outros. Ideias como motivação e ludicidade faziam parte dos princípios do método global para a leitura. O belga Decroly, por exemplo, "defendia um período preparatório para alfabetização, com uso de jogos que possibilitassem às crianças a passagem do concreto para o abstrato e o desenvolvimento das discriminações auditiva, visual e tátil". Vale destacar que entre os alunos de 1950 e 1980, há a transposição didática desses jogos para os livros de exercícios (de coordenação motora, visual, figura a fundo, entre outros), transformando os jogos pedagógicos, que tinham por objetivo trabalhar o material concreto em relação ao abstrato em atividades didáticas de escrita para o período preparatório à alfabetização.

Algumas convergências entre o método natural, utilizado pelo pedagogo Frances Freinet, e o método global também podem ser observadas. Já para Ane Chartier e Jean Hébrard o método natural assumido por Freinet como uma adesão ao método global de leitura teria como foco a produção escrita. Na tarefa de escrever, a criança teria necessidade de solicitar a um adulto em modelo gráfico das palavras. Para ele, a vontade de escrever da criança seria mantida pelo incentivo de que ela se comunicasse à distância. A leitura, assim, seria consequência da escrita. Acreditava-se que, à medida que elas fossem escrevendo, gravariam a forma global das palavras e que estariam também atentas à decodificação, em fase posterior. Por essa razão, a produção de uma imprensa pedagógica tem centralidade no método natural de Freinet. Observa-se, nesse método, os princípios do método global, considerando que a leitura era vista como um processo eminentemente visual e apreciada como uma necessidade da criança, tendo como base de sustentação teórica a psicologia.

Entrando em cena, no entrecruzamento desses discursos, métodos sintético e analítico, Lourenço Filho assume um papel de vanguarda, propondo soluções técnicas para o problema da alfabetização. Embora o método analítico continue a ser considerado "melhor e mais científico", sua defesa apaixonada e ostensiva encontra resistência, inicialmente da disputa entre os defensores que misturavam as estratégias dos analíticos e sintéticos e os partidários do tradicional método analítico (do final da década de 1970), com a posterior hegemonia da "alfabetização sob medida", sob a influência dos Testes ABC. De acordo com informações contidas no capítulo III da 1.ª edição dos Testes ABC, datada em 1933, as pesquisas que derivam o livro iniciam-se em 1925, na escola modelo anexa à Escola Normal de Piracicaba, sendo retomadas na Escola Normal de São Paulo, com crianças do Jardim da Infância e da Escola-Modelo. A partir de 1929, os resultados dessas pesquisas começam a ser divulgadas, e os Testes ABC passam a ser aplicados, institucionalmente, em São Paulo, Rio de Janeiro e Belo Horizonte, por onde se registram passagem de estudiosos estrangeiros como E. Claparede, A Binet e Th. Simon, pesquisadores esses articulados aos princípios dos Testes ABC. Por essa época observa-se também uma ampla divulgação dos primeiros resultados e aferição dos Testes ABC sob formas de artigos em periódicos e comunicação em eventos nacionais e internacionais relativos à educação e psicologia (MORTATTI, 2000).

Com o objetivo de enfrentar o problema do fracasso na aprendizagem da leitura e da escrita, indicado pelas altas taxas de repetência no 1.º grau da escola primária, hoje equivalente ao segundo ano do ensino fundamental, de nove anos, e visando a economia, eficiência e rendimento escolar, Lourenço Filho apresenta a hipótese confirmada pelas pesquisas experimentais que realizou com alunos do 1.º grau, da existência de um nível de maturidade – possível de medida – como requisito para a aprendizagem da leitura e da escrita, por meio dos Testes ABC (MORTATTI, 2000).

2.2 OS TESTES ABC E O ENSINO E O APRENDIZADO DA LEITURA E DA ESCRITA

Como proposta de solução para o problema do fracasso escolar no 1.º grau e de acordo com os princípios da educação renovada, surgem os Testes ABC como uma fórmula simples e de fácil aplicação, com fins diagnósticos ou de prognósticos, e como critério seletivo seguro, para definição de perfil das classes e sua organização homogênea, assim como dos perfis individuais dos alunos permitindo atendimento e encaminhamento adequado. De acordo com Lourenço Filho, criador dos Testes ABC, esse instrumento avaliativo seria uma das soluções possíveis para o problema verificado, a partir de sua fundamentação teórica-experimental. Nessa perspectiva o autor entende o teste "como um simples reativo, com o emprego do qual se poderão obter amostras de comportamento, de um ponto de vista determinado, as quais se tornam significativas mediante tratamento estatístico.

Embora Lourenço Filho seja um de seus mais conhecidos e propagadores, destacando-se pelo pioneirismo das formulações contidas nos Testes ABC, a aspiração de tudo medir cientificamente não é marca exclusiva desse educador, mas de uma espécie de moda da época – a psicometria –, conforme já pontuado anteriormente. Data de então a entrada na cena histórica de uma série de medidas objetivas e de aptidões, a saber: testes psicológicos, rendimento escolar desigual, orientação e qualificação profissional sob orientação de manuais estrangeiros, como, por exemplo, Échelle Métrique de l'inteligence, de Alfred Binet, ponto de partida dos testes psicológicos, cuja origem residiu na necessidade de discriminar entre as crianças atrasadas aquelas susceptíveis de progresso em classes normais e aqueles que demandavam classes especiais.

Essa escala de medida de inteligência tornou-se moda entre especialistas e, por certo, estimulou a produção de uma ampla bibliografia nos meios universitários e escolares, nas primeiras décadas do século XX (MONARCHA, 2005). Em relação ao aprendizado da leitura e da escrita a partir de métodos de alfabetização contidos na *Cartilha do povo – para ensinar a ler rapidamente* (1928), editada pela Companhia Melhoramentos de São Paulo, sendo a primeira de uma série de livros didáticos editados pelo autor, destinando-se ao ensino da leitura e da escrita de crianças e adultos das escolas brasileiras (BERTOLETTI, 2006, p. 24), bem como os contidos na cartilha *Upa, cavalinho!* (1957), publicada também pela mesma editora, destinando-se ao ensino inicial da leitura e da escrita a crianças das escolas brasileiras e encerrando a *Série de Leituras Graduada Pedrinho* (BERTOLETTI, 2006, p. 74).

Contextualizando essas duas cartilhas no sentido de observarmos as principais ideias de Lourenço Filho em relação à alfabetização, uma vez que, como dito anteriormente, os Testes ABC representam uma síntese desse pensamento. É importante ressaltar que a *Cartilha do povo*, embora publicada seis anos antes dos Testes ABC, é produzida concomitante ao desenvolvimento das pesquisas experimentais sobre o nível de maturidade para o aprendizado da leitura e da escrita, assim como era concomitante com os ideais da Escola Nova.

Entendo que a cartilha possa ter sido feita posteriormente aos livros de leitura, mas ela se destina à alfabetização enquanto os livros de leituras foram criados para serem utilizados com alunos já alfabetizados, de 1.º ao 5.º ano, futuros leitores. As lições da *Cartilha do povo*, como da cartilha *Upa, cavalinho!*, ora partem de pequenos "textos" com posterior destaque de sentenças e palavras, formando depois novamente sentenças e, por fim, "textos" ora partem de sílabas, formando palavras, sentenças e "textos". Textos são grifados no sentido de que em sua maioria constituem, na verdade, uma sucessão de frases, relacionadas entre si por elementos comuns, que podem ser sílabas ou as palavras-chave estudadas, ou, ainda, o objeto de uma oração repetindo-se como sujeito da próxima. As Instruções Práticas, de 1915, assinadas pela Diretoria Geral da Instrução Pública, estabelecem como se deve dar o ensino da leitura por meio do método analítico: da "historieta" para a palavra, da palavra e da palavra para sílaba, num processo de análise que contribui para a aquisição de ideias e pensamentos (BERTOLETTI, 2006, p. 38).

Para podermos contextualizar os princípios da alfabetização, presente na cartilha *Upa, cavalinho!*, destacarei a análise de Bertoletti (2006), a partir do *Guia do Mestre para o ensino da leitura*. Esse livro acompanha a cartilha e sintetiza os estudos e pesquisas do autor a respeito do aprendizado da leitura e da escrita. Cabe inicialmente ressaltar que o *Guia do Mestre*, embora pareça ser um material didático atualizado da obra de Lourenço Filho, não apresenta, segundo Bertoletti (2006), mudanças substanciais em relação ao pensamento inicial do autor, mas sim a permanência de ideias básicas, com pequenas modificações a fim de se ampliarem e se atualizarem as ideias de acordo com as necessidades da alfabetização. O *Guia do Mestre* configura-se na base teórica de *Upa, cavalinho!*, como síntese dos princípios básicos de Testes ABC (BERTOLETTI, 2006, p. 105).

O *Guia do Mestre* "é um instrumento prático ou pequeno material teórico-prático, como denomina o autor, para facilitar o trabalho do professor, assim como para nortear suas opções por certos princípios do ensino da leitura e por certos procedimentos didáticos fundamentados nesses princípios" (BERTOLETTI, 2006, p. 105). Como instrumento regulador do trabalho com a cartilha *Upa, cavalinho!*, o *Guia do Mestre*, inicialmente em folheto que acompanha a cartilha, no capítulo introdutório às duas partes que compõem apresenta algumas considerações gerais traçadas pelo autor a respeito do ensino da leitura. Esse capítulo introdutório divide-se em quatro subtítulos: I- Ensinar e aprender; II- Situações de aprendizagem da leitura; III- Aprendizagem rudimentar e aprendizagem funcional da leitura; IV- Importância da graduação do material de leitura.

A partir da análise feita por Bertoletti, do *Guia do Mestre*, observa-se a consolidação dos princípios da Escola Nova presentes no material. Quando a autora caracteriza os princípios básicos da obra salientando o papel do professor como organizador e facilitador do processo de ensino e aprendizagem, respeitando o ritmo de aprendizagem desses, o papel do aluno (como central nesse processo), a importância do material como forma de estímulo e convenientemente graduado e o ambiente como elemento essencial nesse processo, pois é o meio onde a criança aprende a leitura. Vale destacar que nos guias para o mestre, Lourenço Filho passa a usar o terno "aprendizagem" em lugar de "aprendizado", que usara nos escritos produzidos até então. Considero que tal mudança de termo possa ser associada à emergência das teorias cognitivistas nessa época.

Algumas das análises da autora, considerando o *Guia do Mestre*, de Lourenço Filho, de 1957, afirmam que o professor não pode saber apenas o que pretende ensinar, assevera o autor, mas principalmente saber como ensinar eficientemente, ou seja, propor e desenvolver as situações de aprendizagem convenientes e oportunas, para cada grupo de alunos, e mesmo em determinados casos, para cada aluno, individualmente. O aluno, por sua vez, é a pessoa que sente, pensa e age, é o sujeito da aprendizagem, o elemento capital que se encontra relacionado com seu grupo, afirma Lourenço Filho. Ao descrever a aprendizagem da leitura no *Guia do Mestre*, Lourenço Filho destaca dois objetivos: primeiro, relativo à aquisição do mecanismo da leitura, ou o conhecimento gráfico-fonético, pelo domínio das sílabas e combinações das letras; segundo, relativo à formação de atitudes e hábitos que devem levar a criança a ler com compreensão. Contudo, o autor não deixa de trazer à tona para aprendizagem da leitura os processos psicológicos infantis, enfatizando os aspectos internos e pessoais relativos à naturalidade e o desejo que esse sujeito psicológico infantil apresenta para aprender. Para o autor, considerando as metas narrativas homogeneizadoras da época, em nível satisfatório, o nível desejado de maturidade existe na maioria das crianças de sete anos, não, porém, em todas, salientando a exclusão dos "anormais". Desse modo, convirá, então, verificar o nível de maturidade de cada escola por meio dos Testes ABC. A eficiência da aplicação dos testes mostra-se quando o autor salienta a cientificidade deles, o legitimando enquanto prática avaliativa: "Por esses testes, sabe-se se uma criança está realmente madura para os exercícios escolares comuns, se necessitará de exercícios preparatórios, ou mesmo de cuidados especiais".

Como anteriormente pontuado, as ideias de motivação e de ludicidade já faziam parte dos princípios do método global para a leitura, a partir dos ideais pedagógicos da Escola Ativa. Observa-se que o próprio título da cartilha *Upa, cavalinho!* sugere uma brincadeira. Vale destacar que, para

Lourenço Filho, o desejo de aprender a ler ou a motivação eram geralmente marcadas por graus diversos. Assim, segundo ele, o desejo de aprender a ler, ou a motivação para isso, será menor nas crianças que provenham de lares em que os pais sejam analfabetos, e onde não haja livros, revistas e jornais. À escola competirá manter e desenvolver esse desejo, inclusive mediante o emprego de material apropriado. Uma cartilha deve ter vocabulário e assuntos adequados, e, assim, também, uma graduação que leve a criança a ganhar confiança em si mesma e em suas capacidades.

Com isso considero relevante destacar que as condições para aprendizagem da leitura evidenciadas na cartilha *Upa, cavalinho!*, maturidade, desejo de aprender e utilização de material adequado e de exercícios graduais são comuns também na *Cartilha do povo*. Sendo que uma das modificações que poderiam ser observadas entre essas cartilhas é que a preocupação inicial com a educação popular e com a "alfabetização das massas", presente na *Cartilha do povo*, perde sua relevância, tornando-se na cartilha *Upa, cavalinho!* a alfabetização das crianças o ponto principal das preocupações do autor, do que derivam os temas e personagens em *Upa, cavalinho!* destinados explicitamente à infância, com o lúdico ganhando relevância (BERTOLETTI, 2006).

O que se observa nesses princípios para aprendizagem da leitura, presentes nas cartilhas analisadas, é que o autor não faz modificações, mas permanece fiel à rigorosa fundamentação que sempre o norteou, correlacionada à literatura psicológica experimental, dedicada a estabelecer aptidões e habilidades necessárias para aprendizagem da leitura, a partir de variáveis consideradas essenciais para o desenvolvimento da maturidade. Entre essas variáveis podemos citar: a discriminação visual, a discriminação auditiva, a discriminação viso-motora, a boa articulação. Assim sendo, ao analisar os Testes ABC e seus efeitos práticos procurei evidenciar que essas formas de examinar os sujeito alfabetizandos, classificando-os e ordenando-os em classes apropriadas de acordo com os resultados dos testes, não podem ser entendidas isoladas de um contexto discursivo global e local, uma vez que tanto o método predominante, analítico global, quanto as duas principais cartilhas – *Upa, cavalinho!* e *Cartilha do povo* – pretendiam formar os sujeitos alfabetizando em sujeitos escolares leitores.

As atividades didáticas desenvolvidas com os alunos em um dia de aula, assim como as tarefas diárias de casa, são denominadas "Matrizes Pedagógicas". As Matrizes se reportam a uma temática chamada de "Unidades Pedagógicas", que orientam as atividades da sala de aula por 15 dias, propondo tarefas relacionadas à escrita e à resolução de problemas. Outras atividades como leitura e jogos pedagógicos complementam a rotina da sala de aula. Considerando que uma criança de sete anos de idade não consegue permanecer concentrada numa mesma atividade por mais de meia hora, as Matrizes Pedagógicas têm como proposta a realização de uma nova atividade a cada 15 minutos. A nova proposta alterou essencialmente o dia a dia, que ganhou em atratividade e humanização: passaram a ser realizadas, em média, 12 atividades por dia nas turmas de alfabetização.

> *"A escola aqui inovou o modo de ensinar, os trabalhos. Os interesses dos alunos mudaram muito. Aqui elas criam mais atividades, cada dia elas inventam um modo diferente." Mãe de aluno.*

Inicialmente, os professores deveriam seguir de forma estrita tanto a rotina quanto as Matrizes Pedagógicas. O progressivo aumento da capacidade de gerenciamento do tempo possibilitou o uso mais particular e flexível do material. As Matrizes Pedagógicas solucionaram um problema enfrentado pelo município diante da implementação do novo método de ensino: a falta de material didático adequado. Sua dinâmica de produção envolve elaboração prévia pela equipe de consultores e experimentação com os professores durante as atividades formativas, o que se revelou uma estratégia interessante, pois permite ir trabalhando a ação do professor, que se apropria do processo e atribui significados à sua prática. A Secretaria de Educação se responsabiliza pela reprodução e distribuição das Matrizes aos professores e aos alunos. As atividades previstas nas Matrizes Pedagógicas são delineadas tendo como referência duas estratégias de ensino-aprendizagem: a repetição, a ação e a representação.

CAPÍTULO III

FERRAMENTAS DA GESTÃO PROFISSIONAL DE QUALIDADE

3.1 SUPERINTENDÊNCIA ESCOLAR

Um grande salto qualitativo na relação da Secretaria de Educação com as escolas foi dado com a criação da Superintendência Escolar, sob a orientação do Programa Escola Campeã, do Instituto Ayrton Senna e da Fundação Banco do Brasil. A superintendência, função criada em lei, assumiu a responsabilidade pelo recebimento, redirecionamento e resolução das demandas da escola na Secretaria de Educação e da secretaria na escola, impedindo assim que vários setores solicitassem as mesmas informações às unidades, o que até então dificultava muito o trabalho do diretor. Esse novo elo possibilitou a otimização dos recursos humanos da secretaria.

A superintendência visita cada escola no mínimo duas vezes ao mês, durante, pelo menos, meio período, para avaliar com o diretor a implantação dos planos de gestão e o andamento geral da unidade. O representante da superintendência está sempre acompanhado de um instrumental composto por um conjunto de indicadores que são avaliados segundo uma escala de pontos. As avaliações baseadas nesse instrumental são sistematizadas num documento denominado consolidado das visitas da superintendência às escolas, que apresenta um quadro amplo das condições estruturais, organizacionais e pedagógicas da rede escolar permitindo à Secretaria de Educação a proposição de novas estratégias de melhoria da qualidade da educação no município.

Indicadores utilizados pela superintendência para acompanhar as escolas:

- Organização geral da escola (prédio, cantina, depósito da merenda, banheiros e áreas externas);

- Organização e funcionamento do turno (limpeza, disciplina, entrada e saída, merenda, secretaria, biblioteca e segurança);

- Instrumentos administrativos pedagógicos (registro de escola, Plano de Desenvolvimento da Escola [PDE], calendário);

- Abandono e evasão;

- Dados estatísticos da escola;

- Relação escola-comunidade (Conselho da Escola, parceria e/ou voluntário);

- Proposta pedagógica;

- Instrumento do professor (plano do curso e plano de aula);

- Processo de avaliação;

- Conselho de classe.

É a superintendência que coordena as reuniões da rede de ensino, realizadas semanalmente com a presença de todos os diretores. Esse órgão foi decisivo para alinhar as metas e a gestão das escolas à política da Secretaria de Educação e para consolidar, nas unidades escolares, a cultura do monitoramento dos resultados com base em indicadores. Além disso, pôde apoiar as escolas na compreensão da importância de alguns conteúdos e práticas: ofereceu aos diretores sugestões de organização estética do ambiente escolar e introdução de música e artes nas propostas pedagógicas; deu indicações sobre planejamento; incentivou a prática do esporte na rede de ensino; apoiou a escola na discussão de questões de interesse das crianças e adolescentes, tais como sexualidade, drogas e conflitos nas relações familiares; fomentou a participação dos pais; e estimulou o estudo e a compreensão dos Parâmetros Curriculares Nacionais (PCNs).

Os gestores educacionais de Sobral ressaltam que a superintendência exigiu, em sua coordenação, um profissional firme, rigoroso, perspicaz e amigo. Foi necessário ter firmeza com o diretor no zelo pelos bons resultados e rigor no seu controle. Mas também foi preciso oferecer o apoio necessário para que todos pudessem entender as razões pelas quais as metas de aprendizagem eram ou não alcançadas. No início, a superintendência foi vista como um setor de fiscalização e encontrou muitas resistências dos diretores e professores. À medida que foi efetivando seu papel, ganhou credibilidade e reconhecimento. Os diretores perceberam o apoio fundamental dado pelo novo órgão ao monitoramento de seus indicadores e à busca de alternativas para a resolução de problemas. Segundo a Secretaria da Educação, o trabalho foi feito sem interferir na autonomia da escola. Depoimento de uma mãe de aluno:

"Antes era bagunçado, na ocasião de mudança de prefeito. A tia não vinha e o aluno queria faltar. Se ela podia, por que ele não podia?" Mãe de aluno.

3.2 INSTRUMENTAL DE ACOMPANHAMENTO DAS ESCOLAS PELA SUPERINTENDÊNCIA

Modelo produzido pelo Programa Escola Campeã – Instituto Ayrton Senna

(Instrumental de apoio ao monitoramento das condições estruturais, organizacionais e pedagógicas das escolas).

	Indicadores	Itens	Pontos	Escola/Legenda	Recomendações
I – Organização da escola	1. Organização geral da escola	Prédio Cantina Deposito de merenda Banheiro Área externa		3 – Adequado, dispensa reforma ou ampliação 2 – Requer melhorias 1 – Requer melhorias urgente 0 – Inadequado	
	2. Organização e funcionamento do turno	Limpeza Disciplina Entrada e Saída Merenda Secretaria Biblioteca Segurança		3 – Adequado, dispensa reforma ou ampliação 2 – Requer melhorias 1 – Requer melhorias urgente 0 – Inadequado	

Indicadores	Itens	Pontos	Escola/Legenda	Recomendações
II – Funcionamento Geral da Escola	1. Instrumentos administrativos/ pedagógicos	Regimento escolar PDE Calendário	**Itens de avaliação:** Atende a Legislação Coerente com a realidade Elaborado coletivamente Utilizando sistematicamente **Pontuação:** 3-4 itens 2-3 itens 1-2 itens 0-1 ou 0 itens	
	2. Frequência	Professores Servidores Alunos	3 – 100% 2 – de 80 a 99% 1 – de 70 a 79% 0 – abaixo de 69%	
	3. Abandono / evasão		3 – 0 a 0,9% 2 – de 1 a 2,9% 1 – de 3 a 3,9% 0 – de 4 a 10%	
	4. Dados estatísticos da escola		**Itens de avaliação:** Coleta fidedigna Análise adequada Intervenções eficazes Monitoramento **Pontuação:** 3 - 4 itens 2 - 3 itens 1 - 2 itens 0 - 1 ou 0 itens	

Indicadores	Itens	Pontos	Escola/Legenda	Recomendações
II – Funcionamento Geral da Escola	5. Relação escola / família		**Itens de avaliação:** Apoio à direção Envolvimento nas decisões Acompanhamento do desempenho do aluno (a) Participação em reuniões/eventos **Pontuação:** 3 - 4 itens 2 - 3 itens 1 - 2 itens 0 - 1 ou 0 itens	
	6. Relação escola / comunidade	Colegiado / Conselho Escolar / APM	3 – Participava ativamente de acordo com as atribuições 2 – Participa quando solicitado 1 – Toma conhecimento, mas não atua 0 – Não toma conhecimento e não atua	
		Parceira e/ou voluntariado	3 – Existe, atua de forma planejada 2 – Existe e atua de forma planejada 1 – Não atua satisfatoriamente 0 – Não existe	

Indicadores	Itens	Pontos	Escola/Legenda	Recomendações
III – Indicações Pedagógicos	1. Proposta pedagógica		**Itens de avaliação:** Construída coletivamente Utiliza adequadamente Coerente com o regimento da escola, programa de ensino e PDE **Pontuação:** 3 - 3 itens 2 - 2 itens 1 - 1 itens 0 - 0 itens	
	2. Instrumentos do professor	Plano do curso	**Itens de avaliação:** Coerente com a PP Adequado ao nível de ensino Construído em pares Utilizado adequadamente **Pontuação:** 3 - 4 itens 2 - 3 itens 1 - 2 itens 0 - 1 ou 0 itens	

Indicadores	Itens	Pontos	Escola/Legenda	Recomendações
III – Indicações Pedagógicos	2. Instrumentos do professor	Plano de aula	**Itens de avaliação:** Coerente com os objetivos propostos e com o PC Adequado a cada turma Eficaz em sua execução **Pontuação:** 3 - 3 itens 2 - 2 itens 1 - 1 itens 0 - 0 itens	
	3. Processo de avaliação		**Itens de avaliação:** Coerente com o Regimento Escola, PP, PC e PA Diagnostica o nível de aprendizagem dos alunos Subsidia as intervenções necessárias Há coerência entre os resultados qualitativos e quantitativos **Pontuação:** 3 - 4 itens 2 - 3 itens 1 - 2 itens 0 - 1 ou 0 itens	

Indicadores	Itens	Pontos	Escola/Legenda	Recomendações
4. Conselho de classe			**Itens de avaliação:** Planejamento prévio Participação efetiva do diretor, professores e equipe Focado na melhoria contínua do desempenho plenos dos alunos Acompanhamento de providências consensuadas **Pontuação:** 3 - 3 itens 2 - 2 itens 1 - 1 itens 0 - 0 itens	
DESTAQUE				

3.3 CONSOLIDADO DAS VISITAS DA SUPERINTENDÊNCIA ÀS ESCOLAS

Modelo Produzido pelo Programa Escola Campeã – Instituto Ayrton Senna

(Sistematização dos resultados do monitoramento das escolas pela Superintendência Escolar)

Município: Sobral | UF: CE

Superintendência Geral: Joan Edessom de Oliveira

Número total de Unidades Escolares: 38

Resultados referentes ao final de 2004

Indicadores	Itens	Pontos	1ª Avaliação		2ª Avaliação	
			Nº de escolas	%	Nº de escolas	%
I – Organização da escola	1. Organização geral da escola	Prédio	3	16	42,10	17	44,8
			2	15	39,47	14	36,8
			1	5	13,15	7	18,4
			0	2	5,26		
		Depósito de merenda	3	17	44,73	19	50
			2	17	44,73	15	39,5
			1	2	5,26	4	10,5
			0	2	5,26		
		Banheiros	3	6	17,78	14	36,8
			2	19	50,00	14	36,8
			1	11	28,9	10	26,3
			0	2	5,26		
		Área externa	3	21	55,26	19	50
			2	10	26,31	12	31,6
			1	6	15,78	7	18,4
			0	1	2,63		
	2. Organização e funcionamento do turno	Limpeza	3	23	60,52	21	55,3
			2	10	26,31	12	31,6
			1	2	5,26	5	13,1
			0	3	7,89		
		Disciplina	3	26	68,42	26	68,4
			2	10	26,31	10	26,3
			1	1	2,63	1	2,6
			0	1	2,63	1	2,6
		Entrada e Saída	3	26	68,42	28	73,7
			2	8	21,05	7	18,4
			1	3	7,89	2	5,3
			0	1	2,63	1	2,6

Indicadores	Itens	Pontos	1ª Avaliação		2ª Avaliação	
			Nº de escolas	%	Nº de escolas	%
I – Organização da escola	2. Organização e funcionamento do turno	Merenda	3	26	68,42	24	63,1
			2	7	18,42	9	23,7
			1	2	5,26	2	5,3
			0	3	7,89	3	7,9
		Secretaria	3	24	63,15	20	52,6
			2	11	28,94	14	36,8
			1	0	0	1	2,6
			0	3	7,89	3	7,9
		Biblioteca	3	11	28,94	11	28,9
			2	3	7,89	4	10,5
			1	3	7,89	2	5,3
			0	21	55,26	21	55,3
II – Funcionamento geral da escola	1. Instrumentos administrativos / pedagógicos	Regimento escolar	3	10	26,31	13	34,2
			2	25	65,78	22	57,9
			1	2	5,25	3	7,9
			0	1	2,63		
		PDE	3	17	44,73	18	47,4
			2	13	34,21	12	31,6
			1	8	21,95	8	21
			0	0	0		
		Calendário	3	38	100	38	100
			2	0	0		
			1	0	0		
			0	0	0		

Indicadores	Itens	Pontos	1ª Avaliação		2ª Avaliação	
			Nº de escolas	%	Nº de escolas	%
II – Funcionamento geral da escola	2. Frequência	Professores	3	16	42,1		
			2	22	57,89	24	63,2
			1	0	0	14	36,8
			0	0	0		
		Servidores	3	16	42,1		
			2	22	57,89	18	47,4
			1	0	0	20	52,6
			0	0	0		
		Alunos	3	0	97,36		
			2	37		38	100
			1	1	2,63		
	3. Abandono/evasão		3				
			2				
			1				
			0				
	4. Dados estatísticos da escola		3	13	34,2	15	39,5
			2	22	57,89	19	52,6
			1	3	7,89	3	7,9
			0	0	0		
	5. Relação escola / família		3	13	34,2	11	28,9
			2	16	42,1	20	52,6
			1	9	23,68	7	18,4
			0	0	0		
	6. Relação escola / comunidade	Conselho de Escola / APM	3	19	50	12	31,6
			2	15	39,47	22	57,9
			1	3	7,89	3	7,9
			0	1	2,63	1	2,6
		Parceria e/ou voluntário	3	11	28,94	10	26,3
			2	13	34,2	18	47,4
			1	11	28,94	10	26,3
			0	3	7,89		

Indicadores	Itens		Pontos	1ª Avaliação		2ª Avaliação	
				Nº de escolas	%	Nº de escolas	%
III – Indicadores Pedagógicos	1. Proposta pedagógica		3	27	71,5	30	78,9
			2	11	28,94		
			1	0	0	8	21,1
			0	0	0		
	2. Instrumentos do professor	Plano de curso	3	9	23,68	15	39,5
			2	25	65,78	19	50
			1	4	10,52	4	10,5
			0	0	0		
		Plano de aula	3	10	26,31	9	23,7
			2	23	60,52	23	60,5
			1	5	13,15	6	15,8
			0	0	0		
	3. Processo de avaliação		3	12	31,57	11	28,9
			2	18	47,36	18	47,4
			1	8	21,05	9	23,7
			0	0	0		
	4. Conselho de classe		3	5	13,15	6	15,8
			2	7	18,42	14	36,8
			1	12	31,57	7	18,4
			0	14	36,84	11	28,9

SEGUNDA PARTE

SELEÇÃO DOS PROFISSIONAIS DE EDUCAÇÃO COM BASE NO MÉRITO

CAPÍTULO IV

DIRETORES, VICE-DIRETORES E COORDENADORES PEDAGÓGICOS

4.1 PROCESSO DE SELEÇÃO PARA DIRETORES

O processo de seleção de diretores, realizado por uma equipe de consultores constituída por professores da Universidade Federal do Ceará (UFC), foi inspirado em uma metodologia na qual se enfatiza uma visão integral da pessoa, de modo a não reduzir as habilidades necessárias ao gestor à esfera cognitiva ou ao acúmulo de experiência profissional. A experiência na docência foi um pré-requisito para participação no processo. Vale ressaltar que se tratava de seleção de pessoas para cargo de confiança, não se configurando como um concurso público. Não foi pré-definido um tempo de serviço para o diretor: ele é exonerado quando não está respondendo satisfatoriamente às atribuições do cargo ou em caso de uso indevido de recursos.

As etapas de seleção foram as seguintes:

- Encontros preparatórios com palestras de professores universitários para explorar temas relacionados com a bibliografia da seleção, visando motivar os participantes e favorecer oportunidades de reflexão teórica sobre os temas publicados em edital;

- Prova escrita, com questões de múltiplas escolhas e dissertativas para a qual foi disponibilizado um conjunto de textos sobre a temática prevista no edital (possuía caráter eliminatório e classificatório);

- Curso de formação de gestores intitulado "Desenvolvimento de Competências para a Sociedade do Conhecimento", com duração de 40 horas, participação obrigatória e fornecimento de certificado. O curso visou promover a reflexão sobre as necessidades socioeducativas e sobre o novo perfil dos gestores, compreendendo atividades dinâmicas, lúdicas e de integração;

- Avaliação comportamental, com duração de quatro horas, essa etapa eliminatória consistiu na realização de um conjunto de atividades em grupo para objetivar as atividades e os comportamentos dos candidatos em jogos e dinâmicas lúdicas, apresentando situações desafiadoras e polêmicas, que exigiam negociação, interação, criatividade, habilidade e liderança. As provas suscitaram envolvimento e exteriorização de atividades e comportamentos que eram analisados à luz do perfil norteador da avaliação;

- Entrevistas individuais direcionadas para o esclarecimento de dúvidas deixadas pelas etapas anteriores.

Ao final do processo de seleção, a comissão responsável apresentou à Secretaria de Educação um relatório com a descrição das dificuldades e das potencialidades de cada candidato. Antes da contratação, os candidatos foram entrevistados pelos gestores da Secretaria de Educação, que avaliaram seu compromisso com as metas e diretrizes da nova política de educação do município. Por fim, todos os candidatos participantes tiveram um retorno sobre sua avaliação.

Nenhum diretor selecionado estava 100% pronto para assumir suas funções logo após o processo seletivo, devido à multiplicidade de competências necessárias a uma "gestão por resultados". A maior parte dos diretores selecionados não tinha experiência em direção de escola, uma vez que esse não foi um pré-requisito da seleção. Por essas razões, a própria comissão de seleção sugeriu à Secretaria de Educação a implantação de um programa de formação que tivesse como objetivo elevar o patamar de competências dos gestores escolares selecionados. Dessa forma, os gestores estariam mais preparados para enfrentar o desafio de ser um dos principais atores de uma política de educação com foco na aprendizagem das crianças. O relatório final do processo seletivo trazia sugestões para o desempenho de um programa de formação.

A primeira seleção de diretores realizada no município de Sobral após a adoção da nova política educacional renovou nada menos do que 2/3 do quadro de gestores. Durante as primeiras etapas da seleção de diretores, ainda pairava certo descrédito em relação ao processo, suspeitando-se de que haveria ingerências políticas. Na medida em que alguns candidatos considerados previamente aprovados não obtiveram êxito, que alguns diretores que estavam no cargo havia 20 anos não foram selecionados e que pessoas mais jovens, sem experiência com cargos públicos de confiança, foram aprovadas, a seleção foi ganhando credibilidade.

"As características das pessoas que trabalham aqui são ter conheci-mento da área, pessoas que perseguem um objetivo, determinadas, pessoas que sabem o que querem, aonde e como chegar." Coorde-nadora pedagógica.

Foram implantados dois programas complementares de formação de diretores: o programa Escola Campeã, do Instituto Ayrton Senna e da Fundação Banco do Brasil, e um programa estruturado pelos consultores que realizam o processo de seleção. A formação do Programa Escola Campeã focalizou o desenvolvimento de competências para a operacionalização de um sistema de monitoramento de resultados. Para tanto, foi realizado curso de uma semana, seguido de encontros mensais com todos os diretores e coordenadores pedagógicos durante três anos. O Escola Campeã dispo-nibilizou uma série de instrumentos para a orientação da rotina escolar, considerados como importantes contribuições para a consolidação da cultura de monitoramento na rede de ensino municipal de Sobral.

A formação coordenada pela equipe de consultoria centrou-se no desen-volvimento das qualidades pessoais do perfil desenhado para o gestor, especial-mente a capacidade de liderança. Foi estruturada com base em quatro eixos:

1. Encontros formativos e cursos de duração mínima de dois dias, que abordaram conteúdos voltados para o desenvolvimento pessoal e a atualização profissional (senso ético, liderança, flexibilidade, comunica-ção, visão sistêmica, comprometimento, capacidade de gerenciamento, contexto mundial e brasileiro, política educacional e gestão escolar);

2. Atividades voltadas para a ampliação do horizonte cultural;

3. Assessoria e aconselhamento visando garantir a operacionalização dos conteúdos e instrumentos trabalhados no curso, no dia a dia da gestão escolar;

4. Sessões coletivas de socialização de experiências e de orientação para a elaboração do plano de gestão de cada diretor.

A seguir, esses eixos são descritos com mais detalhes.

Encontros formativos e cursos

O primeiro curso realizado objetivou trabalhar conteúdos relativos ao desenvolvimento da capacidade de liderança. Teve duração de três dias e foco nas seguintes temáticas: visão estratégica; capacidade de tomar decisões e conduzir um grupo; cuidado com o desempenho da escola; importância da escuta e da habilidade em se comunicar bem e outras habilidades para o trabalho em equipe.

O desenvolvimento da capacidade de planejamento foi objeto de outro curso, que abordou a temática do plano de gestão, conceituado como um guia para o trabalho do diretor na escola. Os diretores aprenderam a fazer um plano de gestão com base em um diagnóstico e no uso da criatividade. As estratégias formativas desse curso foram:

- Sensibilização para a importância do plano de gestão.

- Dinâmicas e reflexões sobre a multiplicidade de aspectos existentes no cotidiano escolar sobre os quais o diretor precisa se deter para que possa atuar de forma adequada.

- Oficina para delineamento inicial do plano de gestão.

- Distribuição de um texto sobre o que é plano de gestão e de um guia de apoio à sua elaboração, contendo perguntas norteadoras do trabalho a ser realizado.

- Produção coletiva dos planos. Para tanto, os diretores foram divididos em grupos de quatro.

- Orientação para elaboração dos planos de gestão. Cada grupo tinha orientadores que acompanharam todo o processo de desenvolvimento do plano nas escolas.

- Atendimento individualizado para análise e redimensionamento de cada plano.

- Avaliação.

Realizaram-se vários outros cursos para aprofundar a capacidade analítica em relação ao contexto histórico e social do mundo e do Brasil de hoje e as tendências atuais das políticas educacionais e da gestão escolar. A importância da adoção e do uso adequado de instrumentos de gerenciamento foi também objeto de alguns encontros.

Atividades para ampliação do horizonte cultural

Os diretores assistiram a filmes e espetáculos teatrais e visitaram exposições de arte. Essas atividades eram seguidas de discussão sobre a percepção de cada um a respeito do que havia sido experimentado. O objetivo era que os diretores desenvolvessem a capacidade de avaliação estética do mundo. Momentos de interação com pessoas que lideram experiências socioeducativas bem-sucedidas foram também promovidos e proporcionaram lições interessantes acerca da arte e da criatividade. Todas essas ações culturais contaram com o apoio da Secretaria Municipal de Cultura e buscaram, na medida do possível, incluir outros atores como técnicos da Secretaria de Educação, demais membros da equipe de direção, professores, alunos e comunidade local.

Assessoria e aconselhamento

As sessões de assessoria e aconselhamento ocorreram em visitas bimestrais às escolas com duração de quatro horas cada. Tinham o objetivo de observar como o diretor estava concretizando os conteúdos e instrumentos tratados nos cursos presenciais. Também visavam ouvi-lo sobre suas dificuldades e avanços, ajudando-o, caso necessário, na leitura de uma determinada situação-problema.

As visitas ajudaram na percepção de necessidades específicas dos diretores, que não estavam sendo explicitadas nos encontros presenciais. De modo geral, elas tiveram um destaque nas ações de formação, pois permitiram aos consultores entrar em contato com as diferentes condições estruturais das unidades escolares. Durante e após as visitas, observações foram registradas em um caderno, seguindo um roteiro. Essas observações contribuíram para a elaboração dos planos de gestão e para garantir maior proximidade com aqueles diretores que enfrentaram mais dificuldades.

Sessões coletivas de socialização de experiências em torno do plano de gestão

Essas sessões foram realizadas para intercâmbio das experiências, orientação e, sobretudo, para que os diretores se sentissem seguros e preparados para conduzir o processo de planejamento e implementação de ações de melhoria das condições de funcionamento da escola e da qualidade dos serviços prestados à comunidade.

Para facilitar o intercâmbio entre as escolas, foi criado um banco de ideias no qual cada diretor compartilhou com os demais as ações previstas em seu plano de gestão para resolver problemas ou otimizar situações favoráveis. Os consultores responsáveis pelo programa de formação reuniram todas as ideias num único documento, classificando-as segundo suas temáticas, e o disponibilizaram para todos. Muitas ideias boas se espalharam pela rede. Parte das ideias do banco, instrumento utilizado para registrar e compartilhar entre as escolas as propostas de ações previstas nos planos de gestão de cada diretor, visando a resolver problemas ou a otimizar situações favoráveis.

1. **Para solucionar ou otimizar problemas referentes à ambientação da escola.**

   a. Pintura – estilo de pintura e muros.

   - Mobilizar o grupo da escola para dar sugestões e aproveitar os dons artísticos dos alunos.

   - Projeto Bagunçarte – pintura de muro com a participação dos alunos, que possa ser extensiva aos muros da comunidade.

   - Pintar poemas nos muros.

   b. Para criar ou cuidar de jardins.

   - Mobilizar a comunidade para colaborar na arborização na escola.

   - O projeto Plante uma árvore: colocar plaquinha com data e nome da pessoa que a plantou. Estimular uma dupla de alunos a cuidar da árvore.

   - Farmácia viva – plantando plantas medicinais.

   - Horta orgânica com os alunos.

   - Plantar árvores frutíferas.

   c. Para organizar o espaço disponível, conservar estrutura e mobiliário.

   - Educar os alunos para conservar o material, que pertence à comunidade.

   - Fixar prateleiras no topo das paredes para arrumar material.

   - Recuperar mobiliários com pinturas, pátinas – atividades a serem realizadas, inclusive, com os alunos.

   - Salas com sofás, livros e revistas disponíveis, jarro, quadros, enfim, um ambiente acolhedor para receber as pessoas.

d. Arrumar espaço interno e paredes da sala de aula.

- Reservar nas salas um espaço para os trabalhos dos alunos.

Podem ser utilizadas aquelas folhas de borracha colorida; não pregar, ao longo das paredes, cartolinas e folhas de papel com as atividades, mas definir um espaço para organizá-las.

- Revestir com cerâmicas de cor clara; carteiras mais coloridas; armários de aço; prateleiras; local específico para livros, revistas, cartazes; expor trabalhos dos alunos e textoteca.

- Quadro de aviso – para expor coisas da comunidade e das escolas, fotografia com a equipe da escola.

2. **Na gestão das pessoas**

a. Como estimular e valorizar os profissionais da escola?

- Sensibilizar-se com os problemas pessoais e as condições de trabalho de cada um.

- Valorizar o desempenho de cada um, reconhecendo seu potencial; entusiasmando e dando crédito e confiança para que possa realizar o seu trabalho; agradecer sempre a participação.

- Capacitar os funcionários tais como: zeladores, vigilantes e oferecer certificação.

- Elaborar calendário com os aniversariantes do mês e realizar a comemoração.

- O núcleo gestor deverá realizar escutas e valorizar as necessidades de cada profissional.

b. Como melhorar as relações na escola?

- Proporcionar cursos de relações interpessoais no trabalho e discussões coletivas para problemas relacionais.

- Diálogo, rodas de conversa para que todos possam refletir sobre suas práxis; atividades para reforçar a autoestima.

- Tornar mais clara a comunicação, procurando evitar, solucionar e esclarecer os conflitos que surgem no dia a dia.

c. Como conquistar a adesão dos funcionários e professores para os projetos da escola?

- Visitas domiciliares aos profissionais das escolas; reuniões mensais para ouvir sua história, opiniões e sugestões para melhorar o trabalho da escola.

- Valorizar suas propostas, envolvendo-os para que se sintam também responsáveis pelo bom andamento dos trabalhos.

- Expor projeto e conquistá-los para que passemos a sonhar juntos e mostrar que são peças fundamentais para o sucesso do projeto.

3. **Processos pedagógicos**

a. Como enriquecer as atividades de planejamento?

- Definir um calendário de planejamento e divulgar a pauta com antecedência.

- Montar grupo de estudo com a equipe pedagógica.

- O coordenador deve sugerir ideias e ter à mão um banco de atividades, livros e periódicos nos quais as atividades possam ser pesquisadas.

- Orientar os professores a utilizarem os materiais pedagógicos existentes nas escolas.

- Uso de dinâmicas, pessoais e textos interessantes para debate.

b. Como melhorar o trabalho pedagógico da escola?

- Melhorar o ambiente de sala de aula.

- Coordenador pesquisar e orientar a prática dos professores mediante atividades estimulantes e inovadoras.

- Estimular professores a terem o domínio do conteúdo e a planejarem bem suas aulas.

- Oficinas para produzir atividades e materiais pedagógicos.

- Projetos de leitura.

- Teatro de bonecas, poesia.

- Dinamização do uso da biblioteca com empréstimo de livros aos alunos.

- Análise coletiva dos problemas escolares de cada turno ou de cada série, com dados pedagógicos devidamente consolidados.

c. Como trabalhar a disciplina na escola?

- Seminário sobre ética, conduta sociocultural, envolvendo a família e procurando compreender as diferenças individuais.
- Desenvolvimento de amizade com os alunos.
- Elaboração em conjunto com os alunos, sala por sala, de um código de convivência.
- Definição de papéis para os alunos considerados indisciplinados.

d. Como lidar com a questão das drogas e da sexualidade?

- Usando filmes, palestras, informações, apoio de pessoas especializadas.
- Trabalhar com a família e buscar apoio nos grupos de apoio já existentes.
- Criar parceria com Programa de Saúde da Família.
- Evitar sermões e discriminações aos jovens envolvidos.

e. Como planejar atividades para o recreio?

- Projetos com jogos, dinâmicas, brincadeiras musicais.
- Filmes de desenho animado.
- Pintar no chão amarelinha, jogo da velha, jogo de damas, elástico, jogo de botão, sinuca, competições.
- Dispor de corda para pular, bambolês, bola, pião, boliche de garrafas de refrigerante vazias e bola de meia, joguinhos diversos.
- Jogos de pega, quatro-cantos, brincadeiras de roda, dançar, jogar pedras.
- Gerenciamento das atividades lúdicas por grêmios estudantis, mantendo os professores circulando pelos espaços.
- Promover FM recreio.

- Pendurar balanços e pneus nas árvores.
- Troncos de árvores pintados, coloridos, para fazer cavalinhos.

f. Como enriquecer as estratégias para o alcance das metas 1 e 2?

- Iniciar o reforço nos primeiros dias de aula; fazer uma enturmação criteriosa.
- Aulas de campo com pesquisas sobre leitura coletiva.
- Diagnosticar mensalmente todos os alunos.
- Capacitação permanente: 1.º e 3.º sábados de cada mês.
- Elaborar perfil para escolher os professores adequados para essas salas.
- Incentivar e criar espaços na própria comunidade para desenvolver a leitura dos alunos.

g. Ideias para atividades extracurriculares.

- Oficina de arte.
- Esportes: futebol de salão, capoeira com orientação.
- Jogos interclasses.
- FM comunitária.
- Torneio entre escolas, gincanas.
- Visitar patrimônio histórico da cidade.
- Passeios turísticos culturais.
- Temas transversais; pesquisa de campo, trabalhar com as tradições, os hábitos, os costumes, os valores e a religião da região.
- Passeio a praias e trilha ecológicas.
- Oficinas de brinquedos.
- Aulas de culinária.

h. Como os projetos (pedagogia de projetos) podem tornar-se uma alternativa interessante para sua escola?

- Clareza maior dos objetivos dos projetos.

- Aplicação de acordo com a realidade.
- Prevendo o tempo, a organização do material, a maneira de avaliar a definição de papéis.

i. Como usar a música e as artes na escola?

- Show de talentos.
- Exposição de artes, teatro e dança.
- Desenvolver visão crítica em relação a músicas tocadas no rádio e a qualidade de som.
- Desenvolver programas educativos sobre pesquisas com a comunidade, história de artistas ou pessoas importantes.
- Grupo de flautas.
- Grupo de percussão com material reciclado.
- Grupo de dança folclórica; oficinas de artes-plásticas.
- Karaokê, show de calouros, leitura musicada, desenho, painéis.
- Coral da escola e festival de música e teatro.
- Incluir música no currículo escolar.
- Parceria com a Secretaria de Cultura para cursos de música e artes na escola.

4. **Processos administrativos financeiros**

   a. Como otimizar os recursos financeiros?

   - Fazer lista com itens em ordem decrescente, do que é prioridade e do que é indispensável.
   - Elaborar planejamento destacando as prioridades da escola.

   b. Como conquistar apoio da Secretaria de Educação?

   - Demonstrando resultados positivos em nosso trabalho.
   - Cumprir as metas da secretaria e ir além do esperado.
   - Tendo postura profissional em suas ações.

   a. Como melhorar a formação do pessoal administrativo?

   - Oferecendo treinamentos e capacitação em serviço.

- Curso sobre relações humanas, lideranças e visão do bem comum.
- Leituras, pesquisas, oficinas.
- Propiciar estágio em escola a pessoal com função semelhante, que seja notadamente competente.
- Definir as funções do cargo e estimular o compromisso.

b. Como captar recurso e/ou conseguir parcerias para a escola?

- Fazer projetos criativos que sensibilizem os parceiros/ fornecedores.
- Pesquisar em fontes diversas e na internet sobre entidades financiadoras de projetos.
- Apresentar os projetos da escola e conseguir "amigos da escola para executá-las".

5. **Interação com a comunidade**

a. Como conquistar a adesão da comunidade?

- Conseguindo credibilidade com um trabalho de qualidade que poderá responder aos anseios da comunidade.
- Visitas às famílias.
- Fortalecer as organizações existentes.
- Respeitar a cultura local.
- Realizar reuniões mensais.
- Promover atividades para os pais.
- Disponibilizar área de lazer para a comunidade.
- Política de excelência no atendimento à comunidade.
- Projetos que ajudem na profissionalização e captação de renda ou em outros problemas comunitários.
- Eleger representações que busquem a comunidade.

Esses espaços coletivos, aliados ao regime de autonomia das escolas, incrementaram as relações entre as unidades escolares. Formou-se uma rede de aprendizagem entre as escolas municipais, mostrando que quanto mais se aprende, mais se ganha capacidade para aprender. Um exemplo disso é a diretora que levou seu coordenador pedagógico para passar um tempo numa outra escola, para aprender o que havia de bom por ali.

> *"A escola é hoje para mim uma escola mesmo, porque nela eu tenho aprendido muito. Palavras que definem a escola hoje: A organização, o sistema de trabalho, a união de grupos e a hierarquia. Nós seguimos os diretores, e os professores ouvem nossas orientações."* Coordenadora pedagógica.

> *"Hoje eu aprendi a ser diretor. Eu falo que sou muito mais diretor do que o ano passado, porque aprendi a fazer um trabalho sistemático. Todo mês você está reavaliando, não deixando cair. A liderança do diretor é a peça-chave."* Diretor de escola.

O grande interesse demonstrado tanto pelos coordenadores quanto pelos diretores nos primeiros meses de curso e a boa avaliação em relação à metodologia proposta estimularam a transformação do programa de formação em um curso de especialização, realizado em parceria com a Universidade do Vale do Acaraú (UVA).

4.2 O FORTALECIMENTO DA AUTONOMIA DA ESCOLA (PEDAGÓGICA, ADMINISTRATIVA E FINANCEIRA)

O fortalecimento da autonomia da escola foi, ao mesmo tempo, a contrapartida e a base de sustentação do processo de responsabilização de todos pela aprendizagem dos alunos. Antes da implantação da nova política municipal, a Secretaria de Educação concentrava o poder de decisão sobre as mínimas coisas de interesse das escolas. Se a torneira da pia quebrava, era preciso solicitar seu conserto via ofício, à secretaria. Resultado: as soluções para os problemas eram lentas e as escolas estavam sempre com problemas pedagógicos e de infraestrutura pendentes. O diretor gastava muito tempo cobrando da secretaria suas reivindicações. Tudo com muita cautela, pois seu status de pessoa indicada para o cargo impedia uma cobrança mais firme a seus superiores. Depoimentos de atores envolvidos com a gestão escolar dão conta de que esse modelo gerava pouca iniciativa das unidades escolares e baixa capacidade de adequação das propostas da secretaria às especificidades das escolas, pois estas últimas não participavam dos processos de decisão e das discussões que justificavam novos projetos.

O regime de funcionamento da autonomia da escola foi instituído por lei municipal, destacando-se três dimensões: pedagógica, financeira e administrativa. No novo modelo adotado pelo município, a escola passou a escolher a forma de gestão de seus recursos, tanto humanos quanto materiais, e a traçar suas próprias metas tendo como parâmetro as metas da política municipal. A Secretaria de Educação focalizou sua atuação no desenvolvimento das condições de gestão autônoma das escolas, entre elas, o reforço de sua capacidade de planejamento, a disponibilização de apoio, metodologias e instrumentos orientados da prática pedagógica e do monitoramento de resultados. Dentro desse contexto, a secretaria inseriu coordenadores pedagógicos nas equipes das escolas, fortalecendo tecnicamente o processo de melhoria da prática pedagógica. Até então o acompanhamento pedagógico das escolas municipais era realizado por uma equipe de supervisores lotados na Secretaria de Educação, com uma dinâmica de trabalho pautada em visitas de supervisão às unidades escolares. A Secretaria de Educação realizou um processo seletivo e os coordenadores pedagógicos foram distribuídos em até três profissionais para cada escola, na proporção de um coordenador para cada 350 alunos. O diretor tem a atribuição de escolher, entre os selecionados, aqueles que constituem, com ele, o núcleo gestor da escola pela qual é responsável.

> *"Tem autonomia, nós chegamos aqui, agora nós vamos ali. Esse grupo aqui não está bem, então nós vamos trabalhar dessa maneira com esse grupo. A gente separa as turmas e vai formando um crescimento de acordo com as condições."* Coordenador pedagógico.

A constituição da equipe pedagógica nas escolas deu mais qualidade aos encontros dos profissionais nas unidades de ensino. Eles passaram a fazer duas reuniões mensais com o corpo de professores, nas quais se discutem planejamento, monitoramento e avaliação dos resultados, além de questões pedagógicas e escolha de estratégias para a solução de problemas.

Perfil do Coordenador Pedagógico

- Criticidade;
- Cooperação;
- Senso ético;
- Comprometimento;
- Iniciativa;
- Sensibilidade;
- Tato;

- Comunicação;
- Relacionamento interpessoal;
- Equilíbrio emocional;
- Flexibilidade;
- Motivação;
- Criatividade.

Todo processo de fortalecimento da autonomia da escola implica significativa transferência de poder ao diretor, enfatizando seu compromisso e papel de liderança, competindo-lhe, inclusive, a organização pedagógica e a responsabilidade pelo desempenho escolar. O diretor assume, em última instância, a responsabilidade pelo que acontece na escola. Por isso, cabe a ele escolher seu coordenador pedagógico ou decidir se vai manter ou não um coordenador quando assume uma escola. O novo papel do gestor escolar exigiu desenho de um perfil e a definição de atribuições. Os gestores de Sobral optaram pela implantação de processos seletivos com base no mérito, visando garantir a contratação de diretores comprometidos e capazes de corresponder às necessidades da política municipal de educação. Para reforçar o desenvolvimento do perfil necessário, foi também implantado um programa de formação para esses profissionais.

A diretora do sindicato dos profissionais de educação de Sobral, que entrevistei, estava se preparando para o concurso/seleção dos novos diretores no final de 2017 para ingresso em 2018 na carreira. Fiz uma observação a respeito da beligerância entre os sindicatos em nível nacional e as gestões municipais. A resposta dada é que em Sobral a beligerância foi substituída pela parceria por confiar no profissionalismo implantado pela gestão municipal em que o clientelismo político foi substituído pela meritocracia em todos os órgãos da administração municipal.

Perfil do novo gestor

- Visão sistêmica/cosmovisão;
- Visão estratégica/administrativa;
- Iniciativa;
- Motivação;

- Flexibilidade;
- Equilíbrio emocional;
- Criatividade;
- Conhecimento da área pedagógica;
- Habilidade de comunicação;
- Capacidade de relacionamento interpessoal;
- Grau de interesse por novas aprendizagens;
- Habilidade para aprender a aprender;
- Habilidade para liderança participativa;
- Capacidade de trabalho em equipe;
- Grau de comprometimento com uma educação de qualidade;
- Senso ético.

Atribuições do novo gestor

- Controle e avaliação do desempenho dos recursos humanos da escola.
- Diagnóstico de carência e seleção de professores e funcionários temporários.
- Garantia do cumprimento do calendário escolar sem interrupção das atividades.
- Garantia do cumprimento dos prazos da Secretaria de Educação com relação à aprovação e entrega do Plano de Desenvolvimento da Escola (PDE) (Fundescola).
- Pontualidade na entrega dos relatórios e dados à secretaria.
- Promoção e orientação pedagógica aos professores e capacitação para intervenção em programas prioritários.
- Promoção da capacitação dos servidores de acordo com as demandas da escola.
- Estabelecimento e redefinição das metas previstas no PDE.
- Acompanhamento, controle e avaliação permanente de todas as propostas pedagógicas.

- Análise dos resultados da avaliação externa da aprendizagem dos alunos.
- Adoção das medidas necessárias à melhoria da qualidade da educação na escola visando ao alcance de metas.
- Composição de sua equipe escolhendo o coordenador pedagógico.

De acordo com os gestores educacionais de Sobral, a opção por selecionar diretores com base no mérito teve um significado histórico para uma gestão municipal que se encaixava perfeitamente no contexto da política brasileira, na qual a lotação de diretores acaba sendo uma moeda de troca para a acomodação dos interesses dos grupos que apoiam o governo. Os gestores do município de Sobral enfrentaram tal situação e consideram que valeu a pena, pois o reconhecimento que amplos setores da sociedade deram ao processo de melhoria da qualidade da educação multiplicou o apoio político ao governo.

A repercussão de uma seleção com base no mérito incidiu positivamente na atuação dos gestores. O sentimento de estarem ali por mérito próprio os legitima perante sua equipe. Acreditam que nenhum vereador pode tirá-los de lá.

Segundo a diretora da Escola José de Arimatéia: "Um ponto que acho positivo é que mudou a identidade da escola para melhor. As escolas têm hoje um novo perfil".

4.3 A AUTONOMIA FINANCEIRA DAS ESCOLAS

Outro passo importante foi o fortalecimento da autonomia das escolas, que, de fato, implica necessariamente autonomia financeira. Com o objetivo de financiar as despesas cotidianas da escola, foi criado o Fundo para o Desenvolvimento e Autonomia da Escola (Fundae), constituído por receitas próprias do orçamento do município, podendo também receber recursos decorrentes de fatos interinstitucionais. Os recursos do Fundae são transferidos diretamente para as contas bancárias das unidades escolares. O valor repassado é calculado com base nas matrículas registradas no último censo da educação infantil, do ensino fundamental e da educação de jovens e adultos. Durante o ano de 2004, o valor total de recursos do fundo foi de R$ 684 mil e seu custo/aluno foi de R$ 21,37, valor muito baixo para construção de uma escola de qualidade, mesmo assim a virada já havia iniciado no ano 2000. As seguintes rubricas podem ser cobertas com os recursos do fundo:

- Água, energia e telefone;
- Material de limpeza e expediente;
- Gás;
- Contratação de pequenos serviços de reparos e manutenção de equipamentos de material elétrico-eletrônico, segundo os princípios da lei de licitações;
- Livros de literatura, vídeos, jogos e brinquedos educativos;
- Qualificação dos professores;
- Contratação de serviços.

É responsabilidade do Conselho Escolar definir o destino e controlar o uso dos recursos do fundo, registrando as decisões em ata. A prestação de contas é feita a cada três meses pelo "núcleo gestor da escola". Um novo repasse de recursos somente é efetuado mediante aprovação, pelo Conselho e pela Secretaria, da prestação de contas dos gastos referentes ao desembolso anterior. A Secretaria de Educação cabe orientar, supervisionar e fiscalizar via Superintendência Escolar. A ocorrência de fraudes ou emissão de cheques sem fundo implica a exoneração do diretor, com encaminhamento do devido processo legal.

A transferência de recursos para a escola mediante o Fundae supriu consideravelmente a resolução de problemas cotidianos, que anteriormente consumiam boa parte do tempo de trabalho dos diretores, liberando-os para o objetivo central da escola: a aprendizagem dos alunos. Desde a implantação da nova política municipal de educação em Sobral, somente um gestor foi exonerado por problemas na aplicação dos recursos provenientes do Fundae. Irregularidade comprovada mediante o devido processo legal, a Secretaria de Educação foi firme em não permitir a permanência daquele diretor. O superintendente assumiu a direção da escola interinamente, e o novo diretor somente foi empossado após os devidos esclarecimentos à comunidade.

4.4 FORTALECENDO A AUTONOMIA DAS ESCOLAS

A possibilidade de o gestor escolher sua equipe, definir seu plano de gestão e ter o poder de dar direção à escola pela qual é responsável reforçou seu papel de líder. A autonomia financeira da escola liberou o diretor para usar seu tempo com o objetivo de garantir a aprendizagem dos alunos. A adoção de mecanismos próprios de avaliação, monitoramento e controle da prática pedagógica estimulou a criatividade da escola e permitiu o aproveitamento das especificidades de cada contexto. O modo como se compreendeu a autonomia foi um marco: algo que se constrói, um processo contínuo e gradual. Os principais atores responsáveis pela implementação da nova política municipal foram envolvidos em processos de formação e receberam orientação em serviço: compreenderam os objetivos da política e os diferentes papéis de cada um, apreenderam a lidar com instrumentos de apoio e melhoraram suas práticas, passando a responder por elas.

O trabalho da Secretaria de Educação no desenvolvimento de condição de gestão autônoma das escolas possibilitou a apropriação dos instrumentos, dos conteúdos e das práticas pelas escolas, o que é relevante para o desenvolvimento de uma autonomia real. Essa apropriação e a constante atribuição de significados aos novos processos podem ser indícios de sustentabilidade dos pressupostos da atual política educacional, deixando-a menos suscetível às variações político-partidárias. A responsabilização dos diversos atores da comunidade escolar, cada um com seu papel bem delineado, pode ser apontada também como um indicador de sustentabilidade, pois professores, diretores, coordenadores, funcionários, pais e mães denotam ter maior consciência do seu dever e também maiores condições de desempenhá-lo. A comunidade escolar encontra-se mais engajada na garantia da frequência e da aprendizagem dos alunos, ainda que o nível de engajamento varie de escola para escola. Cada um é responsável pela parte que lhe cabe e está integrado numa rede de apoio mútuo, descortinando o nascimento de uma rede de aprendizagem. Os funcionários são convidados a participar da criação de um ambiente educativo acolhedor, solidário e alegre, além de participar do espaço pela frequência dos alunos.

Autonomia da escola perseguida com:

- Responsabilização.

- Monitoramento de resultados.

- Espaços coletivos de reflexão e estabelecimento de estratégias de mudanças.

- Orientação e instrumentalização da prática.

- Formação voltada para o desenvolvimento das competências necessárias.
- Perfil dos profissionais adequado às funções (seleção com base no mérito).
- Diretor como líder de uma equipe e responsável último pelos resultados.
- Clareza dos papéis, atribuições e diretrizes da política.

A definição de um perfil de diretor que correspondesse às atribuições de uma gestão autônoma e a seleção com base no mérito como condição para se chegar a esse perfil facilitaram o trabalho de formação e orientação, permitindo o desenvolvimento de potencialidades já existentes nesses profissionais. A preocupação com o perfil dos profissionais é uma marca da experiência: buscaram-se pessoas com potencialidades para cuidar do processo educativo na sua complexidade, com persistência, otimismo, ética e compromisso.

A autonomia financeira somente se tornou possível graças a mecanismos claros de responsabilização pelo uso dos recursos, com participação do Conselho Escolar. A institucionalização dos mecanismos criados durante a gestão via aprovação de leis também fortaleceu a ideia de que se trata de mudanças sustentáveis. A otimização da relação entre a escola e a secretaria foi importantíssima para a agilização e o encaminhamento de demandas mútuas, gerando maior eficiência. O tipo de formação e orientação adotado pela Secretaria de Educação procurou responder às necessidades das instituições escolares, as escolas se viram diante de muitas mudanças, mas seus responsáveis receberam apoio substancial.

Por fim, vale dizer que o apoio técnico de profissionais da área de educação obtido via consultoria e parcerias com outras instituições aprimorou os processos e agregou novas ideias. Seja por meio do estabelecimento de convênios, da composição do quadro técnico da Secretaria de Educação ou via contratação de serviços como o saber produzido em universidades da região esteve presente na consolidação dessa mudança. Sem os apoios técnicos recebidos, essa experiência não seria a mesma. De acordo com os gestores educacionais do município, a clareza da Secretaria de Educação de Educação em relação às demandas encaminhadas aos consultores permitiu uma contribuição que foi, de fato, ao encontro das necessidades da nova política educacional.

Caminhos para o fortalecimento da autonomia da escola

- Compreensão da autonomia como algo que não existe a priori, mas que se constrói gradualmente.
- Adoção de uma proposta formativa que desenvolva as capacidades necessárias à prática de autonomia.
- Criação de um núcleo gestor, do qual fazem parte o diretor e os coordenadores pedagógicos: concepção de que a Gestão Escolar deve ser efetivada em equipe.
- Compreensão de que o diretor é um líder de uma equipe de trabalho que deve atuar pelo sucesso escolar.
- Orientação in loco para diretores e coordenadores pedagógicos.
- Espaços coletivos para reflexões, discussões e estabelecimento de estratégias de mudanças.
- Seleção de diretores com base no mérito.
- Envolvimento das famílias no acompanhamento da frequência e da aprendizagem das crianças.
- Mecanismos de mobilização e engajamento da comunidade.
- Adoção de mecanismos que possibilitam às escolas gerenciarem seus gastos.
- Controle das prestações de contas, com participação dos Conselhos Escolares.
- Possibilidade de escolas adotarem procedimentos distintos para solucionar seus problemas.
- Implantação de mecanismos de monitoramento da prática dos diretores e dos resultados alcançados pelas escolas.
- Criação de mecanismos específicos para que o núcleo gestor possa analisar e compreender o cotidiano e o desempenho da escola.
- Favorecimento do intercâmbio e do fortalecimento das relações entre as escolas.
- Formação de uma rede de aprendizagem pautada no apoio mútuo, na confiança, no companheirismo, na formação, na troca de experiências, na definição clara de papéis e na responsabilização.

4.5 PLANO DE GESTÃO

A elaboração e a implantação do plano de gestão se traduzem numa ferramenta do programa de formação de diretores realizado por uma equipe de consultoria contratada pela Secretaria de Educação. Ele é feito pelo gestor para orientar sua prática. A ferramenta foi disponibilizada aos diretores e trata das principais questões a serem consideradas na elaboração do plano de gestão.

4.5.1 Considerações na elaboração do plano de gestão

Questões, conceitos e importância

O plano de gestão pode ser conceituado como sendo o plano de trabalho do gestor, ou seja, um guia para suas ações na escola. Ele parte de um diagnóstico da real situação da escola e da busca de soluções e propostas criativas e inteligentes para elevar ou tornar possível o atendimento dos objetivos escolares. O plano de gestão do diretor não é o de desenvolvimento da escola (PDE), nem de melhoria da escola (PME), nem o plano estratégico, nem a política pedagógica da escola. Todavia, para integrar ao plano de gestão mais três ferramentas são fundamentais: plano de ação, plano de curso e plano de aula.

A diferença basicamente consiste nos seguintes pontos:

1. A tomada de decisão que, nos demais, são processos de participação coletiva em torno das propostas que se desejam para a escola. O plano do gestor é o guia que orienta a sua atuação, inclusive com o objetivo de capacitá-lo como o líder da elaboração da proposta pedagógica da escola.

2. O plano de gestão do diretor não se separa do plano pessoal do diretor, ou seja, de sua satisfação pessoal no trabalho.

3. O diretor também não pode decidir sozinho quanto ao uso de verbas públicas em seu projeto. Por isso, o plano de gestão necessitará ser pactuado e trabalhado com a comunidade escolar.

Julgamos que tão importante quanto a capacidade de fazer um diagnóstico preciso da escola, em relação à matrícula e ao rendimento escolar, é a capacidade de sentir ou intuir a qualidade do ambiente de trabalho, suas necessidades e perceber como as pessoas se sentem na escola. É importante lembrar que a visão da escola vai muito além dos conteúdos apresentados na sala de aula pelo professor.

O objetivo deste trabalho é reforçar a atuação do diretor na condição de líder na escola. Um líder precisa ser propositivo, isto é, ter visão, ter opinião, ter o seu próprio olhar relativamente aprofundado das necessidades, processos e relações que ocorrem na escola. Acreditamos que o trabalho de construção do significado do que é ter um plano de gestão e da leitura dos diversos componentes da realidade da escola servirá para amadurecimento da visão do diretor e para dar-lhe subsídios que facilitarão a realização do PDE, do PME etc.

Nossa opção pela elaboração de um plano de gestão enfocando a figura do diretor não significa que não percebemos o valor dos processos participativos da consulta e do pacto que se estabeleceu nos processos de decisões coletivas. Contudo, apostamos na relevância da preparação do líder do processo, para que essa ação seja bem-sucedida.

Questões a serem consideradas para elaboração do plano de gestão:

1. Capa.

2. Identificação – nome da escola, endereço, telefone, nome do diretor, endereço e telefone do diretor, nome do vice-diretor, do(s) coordenador(es) pedagógico(s) do(a) secretário(a).

3. Descrição da escola – localização, turnos em que funciona, séries que oferece em cada turno, número de turmas e alunos por turno, número de professores, número de outros funcionários, dependências existentes na escola.

4. Apreciação das condições de trabalho.

a. Infraestrutura – abastecimento de água, de energia elétrica, acesso dos alunos (transporte), meio de comunicação.

b. Ambiente físico – a escola tem todas as dependências de que necessita? Quais as dependências que faltam? As dependências existentes são adequadas? Quais não são? A escola dispõe dos equipamentos, mobiliários e materiais de que necessita? De quais equipamentos, mobiliário e materiais a escola não dispõem? Quais não são adequados?

c. Pessoal – a escola dispõe de todos os funcionários de que necessita? As pessoas têm a formação adequada para sua função? Quem não tem? As pessoas têm as competências necessárias para sua função? A duração das jornadas de trabalho e os horários de trabalho de cada funcionário são adequados às necessidades da escola? As pessoas têm vínculos de trabalhos temporários ou permanentes? Que pessoas deveriam ter vínculo temporário? Que pessoas deveriam ter vínculo permanente?

d. Ambiente relacional.

- Atores – diretores(as), vice-diretores(as) (onde houver), coordenadores(as) pedagógicos(as), secretário(a), professores(as), funcionários(as), alunos(as), pais, comunidade/vizinhança.

- Enfoques – as pessoas, as relações.

- As pessoas – quem são as pessoas com quem você trabalha? Quais suas histórias? Que perspectivas de futuro elas demonstram ter? Como elas administram/expressam suas emoções e sentimentos? Quem demonstra estar desconfiado, ameaçado, magoado? Quem demonstra sinceridade, abertura, flexibilidade, compromisso, entusiasmo?

- As relações – quais os fluxos de relação mais frequentes e/ou mais intensos? Que fluxos de relação são mais tencionados? Quais as fontes de tensão de cada fluxo de relação? A fonte se encontra nas características particulares de um dos atores ou de ambos? Encontra-se em falhas de comunicação? Encontra-se numa disputa real por poder, espaço, interesses, privilégios? Quais os fluxos de relação que trazem entusiasmo, harmonia, esclarecimento e união para o grupo?

e. Processos de trabalho.

- Processos administrativos – processos de planejamento, processos de tomada de decisão, processo de circulação de informações, processos de implementação de decisões (controle, fiscalização, apoio/suportes, avaliação), procedimentos de registro e anotação, comunicação externa (com a secretaria, com parceiros), estabelecimento de rotinas, alocação do tempo de trabalho das pessoas, arquivos etc.

- Processos pedagógicos – como se constituiu a proposta pedagógica (proposta metodológica, visão de avaliação da aprendizagem, proposta curricular de cada série)? Que aspectos da proposta pedagógica são discutidos e/ou compartilhados pelos professores? Como está organizada a estratégia de suporte aos professores? Que apreciação você faz das competências didático-pedagógicas de cada professor? Como está a relação professor/aluno? Existem atividades pedagógicas assumidas pela escola (por exemplo, projetos, outras formas de transmissão dos conteúdos escolares, artes, esportes, lazer, convivência)? Quais as mensagens pedagógicas da ordem dos princípios e valores que a escola transmite (responsabilidades, limpeza, respeito, democracia, honestidade, disciplina etc.)? A escola chega a passar mensagens antipedagógicas?

5. Resultados de rendimentos e resultados de aprendizagem alcançados pela escola – aprovação, reprovação, abandono (por turma), aprendizado (por turma).

6. Identificação dos fatores externos e internos que influenciaram na determinação desses resultados.

7. Pontos fortes e pontos fracos do grupo e da escola.

8. Oportunidades e ameaças do ambiente externo.

9. Ações que deseja realizar (ações para resolver/amenizar problemas; ações para otimizar situações favoráveis) – quais ações? De que recursos precisam (dinheiro, pessoas, estratégias de comunicação)? Como vai obtê-los? Quem pode ser conquistado como um aliado? Quem pode oferecer resistência?

Sugestões práticas:

a. Ver cada turno da escola como uma configuração específica. O ambiente de trabalho e os resultados obtidos podem variar muito em cada configuração.

b. Procurar ver o "oculto" – um plano de trabalho com pessoas precisa deixar espaço para a intuição e o sentimento.

c. Ampliar o conceito de necessidades da escola. Partir das necessidades dos sujeitos (alunos, professores, funcionários, direção, equipe pedagógica) em atividade (brincar, conviver, aprender, estudar, ensinar, cozinhar, limpar, zelar, vigiar, tomar notas, fazer reuniões, receber os pais).

d. Ampliar o conceito de adequação. Agregar novos critérios além do tamanho, tais como ventilação, iluminação, silêncio, segurança, beleza, conforto, funcionalidade.

e. Cuidado com a análise do ambiente relacional. Não psicologizar demais, não cristalizar imagens das pessoas, não gerar estigmas.

CAPÍTULO V

PARTILHANDO METODOLOGIA E INSTRUMENTOS

O sucesso da implantação de uma política, em especial a educacional, depende fundamentalmente da capacidade de os atores envolvidos se apropriarem de seus princípios, diretrizes e programas, concretizando-os em seu cotidiano. Um dos fatores de sucesso da política educacional de Sobral foi a criação de uma série de instrumentos com roteiros passo a passo, guias, metodologias e ferramentas que orientam as novas práticas. Outro destaque da experiência foi a institucionalização das mudanças implementadas mediante leis municipais, estabelecendo um novo marco legal e institucional e agregando valor à sustentação da política educacional.

Dois parceiros são fundamentais no processo: Universidade Federal do Ceará (UFC) e a Universidade do Vale do Acaraú (UVA).

5.1 GUIA METODOLÓGICO PARA AVALIAÇÃO DA APRENDIZAGEM DE CRIANÇAS EM LEITURA E ESCRITA

É aplicado duas vezes ao ano: em junho, para correção de rotas e, em novembro, para verificar o cumprimento das metas de aprendizagem.

1. **Objetivos**

- Identificar, junto aos alunos das séries iniciais do ensino fundamental, a situação de aprendizagem da leitura e da escrita no primeiro semestre e ao final do ano, no sentido de verificar se as metas de aprendizagem previstas foram atingidas.

- Sistematizar o resultado de aprendizagem por aluno, turma, turno e escola de modo a obter parâmetros objetivos para a adequação das ações realizadas, na perspectiva de se alcançar as metas de aprendizagem.

2. Resumo do processo de Operacionalização da Avaliação Externa

- Sob coordenação da Prefeitura e Secretaria da Educação, uma equipe de avaliadores é constituída por estudantes e graduados em licenciatura pela Universidade do Vale do Acaraú.

- A equipe de avaliadores recebe treinamento oferecido pela Coordenação de Avaliação Externa da Secretaria de Educação.

- A equipe de avaliadores aplica um instrumento de leitura a cada aluno individualmente, na 1.ª série básica e na 1.ª série regular e entre os alunos uma aprendizagem da escrita e da leitura da 2.ª a 4.ª série.

- Os testes são gravados em fita cassete e seu resultado registrado em instrumental capaz de explicar se o aluno avaliado sabe ler textos, frases, palavras, sílabas ou não conseguiu lê-los.

- O avaliador aplica o teste de escrita individualmente entre os alunos da 1.ª série básica e em grupo entre os alunos.

- Uma equipe de "audição" ouve as gravações da leitura das crianças, feitas durante os testes, para confirmar o resultado registrado no instrumental.

- Uma equipe corrige os testes de escrita.

- Os resultados são organizados por unidade escolar e entregues às escolas.

- Cada escola se reúne para discutir os resultados.

- A Secretaria de Educação promove reuniões por grupos de escola em polos regionais para análise dos resultados.

- A avaliação externa é realizada ao final de cada semestre.

3. Equipe de trabalho

- Para avaliar, em 2004, 7.129 alunos, sendo 3.001 da 1.ª série básica; 3.164 da 1.ª série regular; 964 que estavam em aprendizagem de escrita e leitura cursando da 2.ª à 4.ª série. Foi necessária a mobilização de 66 profissionais:

- Seis pessoas de coordenação e operacionalização da avaliação de aprendizagem lotadas na Secretaria de Educação.

- Quarenta e dois avaliadores escolhidos entre estudantes e graduados da Universidade. Cada avaliador atende em média 12 alunos por turno.

- Doze pessoas para audição das fitas cassetes contendo as gravações dos testes de leitura. Seis por turno.

- Seis pessoas para a correção dos testes de escrita.

4. Tempo Utilizado

Para fazer a avaliação são necessários aproximadamente 19 dias úteis:

- Dois dias para entrosamento do avaliador com a escola.

- Três dias para a realização de reuniões entre a equipe de coordenação da avaliação externa.

- Quatorze para a avaliação das crianças.

Para facilitar a execução do processo avaliativo, o município de Sobral costuma elaborar um cronograma de trabalho que é compartilhado com todos os envolvidos. Exemplo:

	TAREFAS	PERÍODO DE REALIZAÇÃO
1	Preparação das relações de alunos por turma.	27/4 a 6/5/04
2	Composição do grupo de avaliadores e equipe de audição.	05/5 a 14/5/04
3	Elaboração dos instrumentos.	10 a 21/5/04
4	Montagem do calendário de realização da avaliação por escola.	24 a 28/5/04
5	Capacitação dos avaliadores.	24 a 28/5/04
6	Capacitação da equipe de audição das fitas.	1 a 3/6/04
7	Entrosamento dos avaliados nas escolas.	31/5/04 e 1/6/04
8	Avaliação das crianças.	2 a 25/6/04
9	Reuniões com os avaliadores, com o objetivo de tirar dúvidas procedimentais e colher relatos sobre o desenvolvimento das atividades de aplicações dos testes, como a recepção na escola, a organização dos procedimentos para a avaliação e a ocorrência de alguma pendência (alunos que ainda não foram avaliados).*	4, 18 e 28/6/04
10	Reuniões com os diretores, com o objetivo de acompanhar o desenvolvimento das atividades de avaliação externa sob o ponto de vista da escola.*	4, 18 e 28/6/04
11	Devolução dos materiais à coordenação de avaliação externa na Secretaria pelos avaliadores.	4, 9,18 e 28/6/04
12	Audição das fitas pela equipe de conferência.	7/6/04 e 9/7/04
13	Correção dos testes de escrita.	7/06/04 a 16/7/04
14	Consolidação dos resultados de leitura e escrita.	21/6/04 a 30/7/04
15	Entrega dos resultados às escolas.	4/8/04
16	Revisão dos resultados (caso seja necessário).	9 a 13/8/04
17	Reuniões nos polos para discussão dos resultados.	16 a 27/8/04

*Essas reuniões têm como objetivo fazer as adequações necessárias ao processo de avaliação externa, inclusive Substituir algum avaliador que não esteja desenvolvendo seu trabalho dentro das expectativas.

5. **Instrumento de Avaliação**

- Leitura;
- 7 textos de 50-55 palavras;
- 7 cartelas de 4 frases;
- 7 cartelas de 12 palavras;
- 21 questões de compreensão de texto (3 para cada texto).
- Escrita:
- 6 testes de quatro palavras e uma frase (1.ª série básica);
- 7 textos (1.ª série regular e meta II).

6. **Resumo do Roteiro de Aplicação da avaliação**

a. Atividade de desconstrução entre o avaliador e a criança

- Jogo da memória, confecção de dobraduras ou outra atividade com caráter de descontração.

b. Teste de Leitura

O teste de leitura é dividido em três etapas: leitura de palavras, frases e texto. Na medida em que obtém sucesso, o aluno passa à etapa subsequente. Se não consegue um bom resultado em determinada etapa, o teste é encerrado.

- Leitura de uma cartela de palavras.
- Leitura de uma cartela de frases.
- Leitura de um texto.
- Questões de compreensão do texto somente com alunos da 1.ª série regular e de 2.ª a 4.ª série que leiam texto.

c. Teste de Escrita

1.ª série básica

- Ditado de 4 palavras e uma frase individual.
- 1.ª série regular e em aprendizagem de escrita e leitura cursando da 2.ª à 4.ª série.
- Ditado de um texto aplicado à turma toda na sala de aula.

7. Detalhamento da Metodologia

Entrosamento com a escola

- No primeiro contato do avaliador com as escolas faz-se, em conjunto com a Direção e a Coordenação Pedagógica, o planejamento da execução da avaliação na unidade escolar.

- Tanto o avaliador quanto a Direção da Escola terão as relações das turmas com o nome dos alunos a serem avaliados. Nesse sentido devem planejar, por exemplo, a ordem das turmas na avaliação.

- Nesse momento, é escolhido o local onde ocorrerão as avaliações, tendo como critérios silêncio e privacidade.

- Para o entrosamento com os alunos em sala de aula, o avaliador deve preparar alguma atividade com o objetivo de estabelecer um vínculo positivo.

Avaliação das crianças

a. Atividade de descontração

- Ao receber cada criança, o avaliador deve perguntar seu nome e criar um clima amigável e de descontração. Deve evitar pergunta do tipo "você sabe ler?", que pode causar inibição.

- Para ajudar esse clima de descontração, o avaliador convida a criança para brincar com o jogo que faz parte de seu material, como o jogo da memória, o origami ou o tangram.

- É importante que fique claro para o avaliador que nesse momento a criança ainda não está sendo avaliada, tendo essa atividade um caráter exclusivo de descontração e de interação entre ele e a criança.

b. Teste de Leitura

A sequência de apresentação das ferramentas de avaliação de leitura à criança é a seguinte: palavra-frase-texto. É apresentada uma cartela de cada.

- O avaliador deve variar os textos e as cartelas para as crianças de uma mesma turma.

- As palavras e as frases devem ser apresentadas na sequência em que estão nas cartelas. As cartelas de palavras estão numeradas de 1 a 10; as de frases, de 11 a 20; os textos, de 21 a 30, sendo que as três ferramentas devem estar combinadas para apresentação às crianças. Por exemplo: a uma criança deve ser aplicada a cartela 1 de palavras, a cartela 11 de frases e o texto 21; a outra criança, a cartela 2 de palavras, a cartela 12 de frases e o texto 12, e assim sucessivamente.

- A avaliação da criança terá início com a apresentação a ela de cartelas com palavras, começará solicitando a leitura de palavras dissílabas, depois vai alternando entre essas e as outras monossílabas e trissílabas. A cada criança devem ser todas, no mínimo, 12 palavras, sendo quatro monossílabas, quatro dissílabas e quatro trissílabas. A leitura deve ser iniciada com palavras que contenham sílabas simples. Se a criança conseguir ler as palavras, então será considerada leitora de palavras. Se a criança apenas lê as sílabas das palavras sem reconhecê-las, será considerada leitora de sílabas. E, por fim, se não reconhecer nem as sílabas, então será considerada não leitora.

- Se for considerada não leitora, o teste se encerra. Se for considerada leitora de palavras, o teste continua com a apresentação de uma cartela de frases.

- O teste é encerrado se a criança não conseguir ler as frases. Se ela for considerada leitora de frases, o teste continua com a apresentação de um texto. Se a criança conseguir ler o texto apresentado, sua avaliação conclui-se nessa etapa e ela será considerada leitora de texto. Se não conseguir, então o avaliador lhe apresentará frases.

- É importante que o avaliador não faça interrupções durante a leitura do texto. Se for necessário, ele solicitará uma segunda leitura, depois que a primeira for concluída.

- Toda etapa de leitura deverá ser gravada necessariamente.

- Ao concluir a aplicação do teste de leitura, o avaliador registra o resultado do aluno no formulário de resultados de leitura.

c. Etapa Compreensão

- Essa etapa é realizada somente com crianças que leram o texto, a partir da 1.ª série regular.

- O avaliador faz à criança oralmente três perguntas de compreensão sobre o texto lido, marcando o resultado no formulário correspondente.
- Essa etapa não precisa ser gravada.

d. Etapa Escrita

Para as crianças da 1.ª série básica:

A etapa se constitui de ditado de quatro palavras e uma frase e não precisa ser gravada.

- O avaliador entregará à criança uma folha com cabeçalho, nome completo preenchido previamente e o grupo temático escolhido para o teste.
- O grupo temático escolhido pode ser usado para iniciar a conversa com a criança e descontraí-la. Por exemplo: se o tema é o mundo animal, pode ser perguntado: "Você gosta de animal? Você cria algum bichinho?"
- Em seguida, o avaliador informa à criança com cordialidade: "Eu vou dizer alguns nomes de animais para você escrever. Eu só quero ver o seu jeito de escrever. Faça como você sabe".
- A criança deve ser assegurada de que não precisa se preocupar com certo ou errado, com não saber escrever, ou outras preocupações congêneres.
- O ditado é iniciado com uma palavra dissílaba. Em seguida é ditada uma palavra monossílaba, uma palavra trissílaba e por fim uma palavra polissílaba.
- Por último, é solicitado à criança que escreva uma frase.
- A sequência do teste só deve ser interrompida se for constatado que as solicitações estão completamente acima da condição da criança, como, por exemplo, se percebido que a criança parece não ter nem ideia sobre o que escrever. Se isso for constatado, o avaliador deve inserir uma observação na folha de teste e dizer que este foi encerrado em determinado momento.
- É importante procurar encorajar a criança com frases do tipo "pense nessa palavra, escute os sons, qual será a letra que você pode usar para escrever esse som?"

- De maneira alguma o avaliador deve dizer à criança que letra usar.
- É importante todo cuidado para que a avaliação seja bem fidedigna.
- Após a conclusão da avaliação da turma, os testes de escrita dos alunos são guardados nos envelopes com o nome da escola, a série, o nome do professor e o turno. Todos os envelopes devem ser lacrados e entregues à equipe da prefeitura responsável pela avaliação externa.
- Para as crianças da 1.ª série regular e da 2.ª a 4.ª série:
- O teste deve ser aplicado a cada turma em sua própria sala de aula.
- O teste de escrita para essas séries se constitui no ditado de um texto feito pelo avaliador.
- O avaliador escolhe um dos textos selecionados.
- Entrega a cada criança sua respectiva folha para que escreva o ditado.
- Lê o texto integralmente para turma. A leitura deve ser feita com boa entonação e ritmo. Em seguida, faz uma segunda leitura.
- Conversa um pouco com as crianças sobre o texto e lendo uma frase de cada vez.
- Faz uma leitura integral da primeira frase do texto e pede que os alunos a escrevam. Em seguida, repete a frase lendo pausadamente palavra por palavra. Dá um tempo médio de 2 minutos, de acordo com o tamanho da frase e também do ritmo das crianças.
- Repete o mesmo processo com as demais frases do texto.
- Ao terminar o ditado, solicita uma leitura coletiva do texto que cada um escreveu.
- Finalmente recolhe o ditado de cada aluno.
- Ao concluir a aplicação, o avaliador guarda todos os textos no envelope da turma, lacrando-o para devolvê-lo à equipe de coordenação da avaliação externa.

8. Critérios de avaliação da etapa leitura

Será considerada leitora de texto:

- A criança que conseguir ler o texto com desenvoltura, de modo que seja compreensível para quem escuta.

- Quando a criança fizer uma leitura do texto sem fluência, apresentando características como hesitações frequentes, palavras distorcidas, troca acentuada de sílabas, lendo um som por outro, e com falta de entonação, o avaliador deve solicitar que ela leia a frase novamente.

- Se nessa segunda leitura ela apresentar mais desenvoltura e melhorar a fluência e a clareza na leitura das palavras da frase, fazendo uma leitura compreensível para quem escuta, ela será considerada leitora de frase.

Será considerada leitora de palavra:

- A criança que não conseguir ler nem o texto nem as frases, mas que conseguir ler as palavras isoladas com desenvoltura ou de modo que seja compreensível para quem escuta.

- Se a criança fizer uma leitura silabada de uma palavra a ela apresentada, o avaliador deve solicitar uma nova leitura.

- Se continuar apenas silabando, sem reconhecer a palavra como um todo, o avaliador deverá perguntar à criança: "Que palavra é essa?"

- Ela só será considerada leitora de palavras se fizer o reconhecimento das palavras como um todo.

Será considerada leitora de sílaba:

- A criança que, diante das palavras, fizer uma leitura desarticulada dos sons, espedaçados, ou apenas ler algumas sílabas das palavras apresentadas, sem conseguir aprender a palavra como um todo.

Será considerada não leitora:

- A criança que vão conseguir reconhecer nenhum som das palavras, mesmo que reconheça o nome das letras.

9. Formulários e fitas para registro dos dados

Formulário de leitura

- Cada avaliador receberá um formulário com o nome dos alunos e com os critérios de avaliação de leitura a serem observados.

- Após a avaliação de cada criança, deve registrar o resultado nesse formulário.

- Ao concluir a avaliação da turma, o avaliador entregará o formulário e as fitas à turma e à equipe da prefeitura, responsável pela avaliação externa, para que seja conferido pela gravação constante nas fitas.

Formulário de interpretação do texto

- Após cada pergunta, o avaliador registra no formulário o desempenho da criança.

- Demais orientações similares às dos formulários de leitura.

- Fitas como a avaliação de leitura é gravada, um dos instrumentos é a fita cassete. Lembra que o ano em questão é 2001, por isso a fita cassete.

- Cada fita deve ser numerada e constar o nome da escola, a série, o turno, o nome do professor, a data da avaliação e o nome do avaliador.

- O número das fitas de cada turma também deve ser colocado no formulário de leitura correspondente à turma.

10. Orientações para a gravação do teste de leitura

- Ao iniciar o teste de leitura, o avaliador deve observar se o gravador está ligado. Em seguida, grava uma fala de identificação, indicando data, nome do avaliador, escola, local de sede ou distrito, série a ser avaliada, professor, turno, quantidade de alunos.

Exemplo:

> *"Hoje, 2 de junho de 2001, eu, Elisângela da Cruz Muniz, vou iniciar, na escola Netinha Castelo, na sede de Sobral, a avaliação de uma turma de 1.ª* série regular da professora Francisca Ítala Aguiar Costa, turno da tarde, que conforme a relação tem 28 alunos."

- Ao iniciar a avaliação de cada aluno, o avaliador deve gravar o nome completo da criança.
- Todo o processo de leitura ou tentativa de leitura do aluno deve ser gravado.
- O avaliador deve registrar no gravador o início da aplicação de cada instrumento: texto, frase e palavras.

Exemplo:

> *"Vamos iniciar agora a leitura do texto". Ou: "Vamos iniciar a leitura das frases". Ou "Vamos iniciar a leitura das palavras", respeitando, é claro, a sequência de aplicação dos instrumentos de avaliação que consta na metodologia e no passo a passo da avaliação.*

- Ao concluir a avaliação de cada aluno, o avaliador deve gravar o resultado que a criança obteve: se é leitora de texto, de frase, de palavra, de sílaba ou se é não leitora. Para a gravação desse resultado, deve repetir o nome completo da criança.
- Ao virar a fita, devem ser registradas as mesmas identificações.

Exemplo:

> *"Continuando da avaliação do aluno fulano, da 1.ª série básica, do turno da tarde, da professora sicrana."*

- Ao concluir a avaliação de cada turma, o avaliador deve registrar na fita a conclusão da avaliação.

Exemplo:

> *"Estamos aqui concluindo a avaliação desta turma."*

- Ao concluir uma turma, mesmo havendo espaço, não deve iniciar uma nova turma na mesma fita.

11. Avaliação dos alunos que faltaram no dia da avaliação de sua turma

- O avaliador deve entregar os nomes dos alunos que faltaram para a direção ou coordenação da escola para que alguma providência seja tomada.
- Os professores devem ser lembrados para avisarem quando os alunos que faltaram estiverem presentes para serem encaminhados à avaliação.

- A avaliação desses alunos deve ser realizada na medida em que eles comparecerem à escola, mesmo que o avaliador esteja avaliando outra turma, para aproveitar a presença de quem faltou.

- Se uma turma ainda não foi concluída e, no dia seguinte, os alunos que faltaram estiverem presentes, estes devem ser avaliados logo no início, antes de o avaliador começar com outra turma.

- Os formulários e fitas das turmas que ainda tiverem alunos não avaliados devem sempre ser levados para a escola pelo avaliador.

- A gravação da avaliação dos alunos que faltaram deve ser feita na fita de sua própria turma, seguindo as devidas identificações como nome completo, série, professora, turno, escola e data da avaliação.

12. Material do avaliador

Depois da capacitação e de receber o seu kit de material de avaliação, o avaliador deverá arrumar bem sua bolsa para não esquecer nada quando for para a escola. O kit tem os seguintes itens:

- Camisa, bolsa e pasta para o avaliador usar durante a avaliação.

- Formulários de cada turma para o registro dos resultados de leitura e de compreensão dos alunos.

- Jogo de memória para uma interação inicial com a criança.

- Projeto da avaliação em que se encontram todas as orientações para o avaliador.

- Instrumentos de avaliação de leitura: textos, frases, palavras e questões de compreensão de texto.

- Teste de escrita.

- Envelopes com as folhas para os testes de escrita.

- Caneta, lápis, borracha e apontador.

- Gravador, fitas e pilhas.

13. Orientações gerais ao avaliador

- O avaliador deve lembrar-se de que a situação de avaliação externa pode causar estresse e constrangimento em algumas crianças. Sua postura amigável e divertida favorece o bem-estar das crianças e, consequentemente, o resultado das avaliações.

- É de suma importância que o avaliador tenha consciência de que está realizando uma avaliação externa, lembrando que:
  * Nenhum resultado pode ser divulgado, seja para o diretor, coordenador, professor ou para qualquer pessoa da escola ou de fora dela.
  * O assunto avaliação externa só deve ser tratado nas reuniões do grupo de avaliadores, juntamente à equipe de Coordenação da Prefeitura.
  * Faz-se necessário evitar qualquer comentário sobre o assunto, no sentido de se garantir a inteireza do processo.
  * O material usado na avaliação deve ser de exclusividade do avaliador. Sua bolsa deve ser bem guardada, não ficando ao alcance de outras pessoas.

5.2 EXEMPLOS DE MATRIZ PEDAGÓGICA

EXEMPLO DE MATRIZ PEDAGÓGICA – I

Unidade 23: Você agora é escritor!

Atividade n.º 5 – Primeira série básica

Escola: _____

Nome: _____

Data:___/___/_____

HORA DA FRASE

1. Leia a frase, completando com seu nome.

EU, _____, VOU CRIAR UMA HISTÓRIA E ESCREVER UM LIVRO PARA VOCÊ LER.

2. Troque de caderno com um colega e leia a frase para ele.

3. Circule as palavras que terminem com o mesmo som de história.

MEMÓRIA	VALÉRIA	CHICÓRIA
HOJE		LIVRO
LEITURA		

RODA DE HISTÓRIA

1. Seu professor lhe contou mais uma história sensacional. Você agora deve prestar muita atenção, pois está na hora de escrever uma história também.

Responda:

   a. Quem foi o autor do livro que sua professora leu?
   _____

   b. Quem foi o ilustrador do livro que sua professora leu?
   _____

BRINCANDO COM FICHAS

1. Descubra quem são os autores abaixo, fazendo a correspondência correta.

Ziraldo/Ruth Rocha/Maurício de Sousa/Monteiro Lobato

DÓ RÉ MI

1. Vamos ler o poema de Pedro Bandeira?

O QUE É O QUE EU VOU SER
Camila gosta de música
Patrícia quer desenhar

Uma vai pegando o lápis,

A outra se põe a cantar.

Mas eu não sei se vou ser Poeta, doutora ou atriz.

Hoje eu só sei de uma coisa:

Quero ser muito feliz.

EXEMPLO DE MATRIZ PEDAGÓGICA – II

Unidade 23: você agora é o escritor!

Atividade n.º 6 – Básica

Nome: _____

Data:___/___/_____

ESCREVENDO DO MEU JEITO

1. No momento da escrita espontânea da matriz, você e seus colegas irão criar diversos textos que serão transformados em um livro. Que legal, hein! Mãos à obra.

SÍLABAS MÓVEIS

1. Coloque em ordem as sílabas abaixo, para descobrir o nome de algumas histórias.

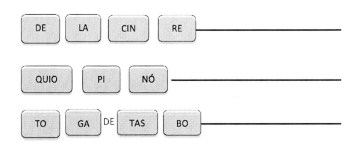

HORA DA FRASE

1. Leia as frases abaixo, batendo palma cada vez que você falar uma palavra.

EU, _____,VOU CRIAR UMA HISTÓRIA E ESCREVER UM LIVRO PARA VOCÊ LER.

2. Complete as frases com as palavras que estiverem faltando.

EU, _____ VOU _____ UMA _____ E _____ UM _____ PARA VOCÊ _____.

EU, _____, VOU CRIAR _____ HISTÓRIA E _____ UM LIVRO _____ LER.

FORMANDO NOVAS PALAVRAS

1. Forme novas palavras com as letras da palavra LER.

L _____

E _____

R _____

RODA DE HISTÓRIA

2. Os livros de história infantil são escritos por diversos autores e desenhados pelos ilustradores. Agora, que tal virar o ilustrador da história que seu professor contou na sala de aula hoje?

É o momento de treinar, para criar o seu próprio livro.

Ana Maria Machado é uma grande contadora de histórias. Seu talento pode ser comprovado nessa coleção, que incorpora a espontaneidade da tradição oral sem perder o rigor da linguagem literária.

EXEMPLO DE MATRIZ PEDAGÓGICA – III

Atividade de casa – 1.ª série regular

Nome: _____

Data:___/___/_____

1. Observe os objetos do quadro:

Agora, corresponda os objetos às formas geométricas, escrevendo seu nome ao lado.

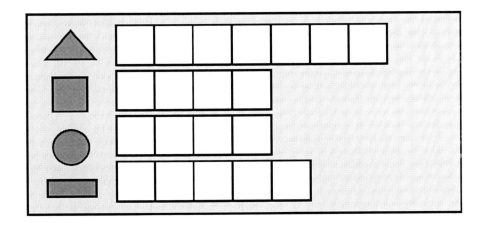

DESAFIO!!!

2. Observe a cena e responda:

a. Quantos ▲ ? _____

b. Quantos ● ? _____

c. Quantos ■ ? _____

5.3 ORIENTAÇÕES DIDÁTICAS

A apostila *Orientações Didáticas* é entregue aos professores bimestralmente. Ela reúne os conteúdos e as metas de aprendizagem, a rotina semanal de atividades, os princípios básicos do método de ensino e o detalhamento do trabalho a ser realizado na sala de aula por tipo de atividade, chamado de "estrutura de trabalho".

5.3.1 Conteúdos e metas de aprendizagem – 1.ª série básica

1.º BIMESTRE

1. SINAIS GRÁFICOS:
   - Utilizar sinais gráficos para escrever letras.
2. LETRAS:
   - Diferenciar letras de números
   - Identificar a letra inicial das fichas de correspondências.

3. PALAVRAS:
- Perceber que uma palavra é formada por letras.
- Perceber quantidade de letras de uma palavra.
- Identificar a quantidade sonora de sílabas de uma palavra.
- Escrever fichas de correspondências 2 com modelo.
- Ler as fichas de correspondência 2 com modelo.
- Fazer leitura gestáltica de figuras e rótulos.
- Corresponder a ficha de correspondência 2 à sua letra inicial.

4. LEITURA E ESCRITA DO NOME PRÓPRIO:
- Reconhecer o seu próprio nome.
- Identificar a primeira letra do seu prenome.
- Escrever o seu prenome com modelo.
- Reconhecer as letras do seu próprio prenome.
- Reconhecer o nome da escola por meio de símbolos.
- Reconhecer o nome da escola.
- Reconhecer o nome da professora.

5. LEITURA INFANTIL:
- Contar a história que ouviu.
- Desenhar o personagem principal da história.

2.º BIMESTRE

1. LETRAS:
- Diferenciar a letra bastão da cursiva.
- Identificar os quatro tipos de letras do alfabeto.
- Diferenciar letras e sílabas.
- Diferenciar letras de palavras.

2. VOGAIS:
- Identificar e nomear as vogais.

3. CONSOANTES:

- Identificar e nomear as consoantes.

4. SÍLABAS:

- Diferenciar sílabas de palavras.

5. PALAVRAS:

- Escrever a ficha 4 com modelo.
- Diferenciar palavras de frase.
- Reconhecer palavras com a mesma letra inicial do seu prenome.
- Associar os pares de fichas de correspondência 2 e 4.

6. FRASES:

- Ter consciência de que uma frase é formada por palavras.
- Formar frases verbalmente com e sem ajuda.

7. LEITURA E ESCRITA DO NOME PRÓPRIO:

- Diferenciar seu prenome dos demais colegas.
- Reconhecer o prenome dos colegas.
- Escrever o nome da escola com modelo.
- Escrever o nome do professor com modelo.
- Escrever o nome dos colegas sem modelo.
- Escrever seu nome sem modelo.
- Reconhecer os sons iniciais do seu nome e de outros, estabelecendo sua relação gráfico-sonora.

8. LEITURA INFANTIL:

- Reconstituir a história por meio de perguntas.
- Identificar o personagem principal da história.

3.º BIMESTRE

1. SÍLABAS:

- Identificar a sílaba inicial de seu nome.
- Organizar seu prenome por meio de sílabas.

2. PALAVRAS:

- Escrever a ficha 4 com modelo.
- Escrever palavras a partir de letras iniciais da ficha de correspondência.
- Escrever outros nomes a partir da sílaba inicial do seu prenome.
- Distinguir palavras que comecem com o mesmo som.
- Perceber a segmentação das palavras.

3. FRASES:

- Escrever a frase com modelo.
- Perceber o espaçamento entre as palavras numa frase.

4. LEITURA E ESCRITA DO NOME PRÓPRIO:

- Escrever o seu prenome corretamente.
- Escrever o nome de alguns colegas sem modelo.

4.º BIMESTRE

1. PALAVRAS:

- Distinguir palavras que terminem com o mesmo nome.

2. FRASES:

- Escrever frases sem modelo.

3. LEITURA E ESCRITA DO NOME PRÓPRIO:

- Escrever o seu nome completo com a ficha.
- Reconhecer todas as letras do seu nome completo.
- Reconhecer as sílabas que formam o seu nome completo.
- Organizar seu nome completo por palavras.
- Organizar seu nome completo por sílabas.
- Escrever seu nome completo sem modelo.

4. LEITURA INFANTIL:

- Desenhar a história dividindo-a em duas partes, início e fim.

5.3.2 Rotina da 1.ª série básica – 1.º bimestre de 2003

Segunda-feira	Terça-feira	Quarta-feira	Quinta-feira	Sexta-feira
DÓ RÉ MI	DINÂMICA	DÓ RÉ MI	DINÂMICA	DÓ RÉ MI
Meu nome é... (ação) Matriz (representação)	Meu nome é... (ação) Matriz (representação)	Meu nome é... (ação) Matriz (representação)	Meu nome é... (ação) Matriz (representação)	Meu nome é... (ação) Matriz (representação)
Hora da frase (ação) Matriz (representação)	Hora da frase (ação) Matriz (representação)	Hora da frase (ação) Matriz (representação)	Hora da frase (ação) Matriz (representação)	Hora da frase (ação) Matriz (representação)
Brincando com as fichas (ação) Matriz (representação)	Descobrindo a Matemática (ação)	Brincando com as fichas (ação) Matriz (representação)	Descobrindo a Matemática (ação)	Brincando com as fichas (ação) Matriz (representação)
Roda de história	Roda de história	Cesta Mágica	Roda de história	Roda de história
Brincando com os traçados	Descobrindo a Matemática Matriz (representação)	Brincando com os traçados	Descobrindo a Matemática Matriz (representação)	Brincando com os traçados
Tarefa de casa	Tarefa de casa	Tarefa de casa	Tarefa de casa	Tarefa de casa

5.3.3 Exemplo de unidades pedagógicas – temas quinzenais

META 1: 1.ª SÉRIE BÁSICA – 1.º BIMESTRE – 2003

Janeiro	
Dias 27 a 31/01/03	**Unidade** **A escola e seus colegas.** Objetivo: Conhecer e interagir com as crianças da turma.

Fevereiro	
Dias 03 a 14/02/03	**Unidade** **Quem sou eu?** Objetivo: Conhecer a si mesmo e a sua família.
17 a 28/02/03	**Brincando e conhecendo o meu corpo** Objetivo: Conhecer e identificar as partes do corpo e suas expressões.

Março	
Dias 06 a 07/03/03	**Unidade** **Minha fantasia.**
10 a 21/03/03	Objetivo: Favorecer criatividade e espontaneidade. **O mundo das letras e dos símbolos.** Objetivo: Trabalhar a leitura gestáltica, conhecer letras e formar palavras.
24 a 28/03/03	**Hora da história.** Objetivo: Incentivar a leitura e a contação de histórias, despertando a imaginação.

CAPÍTULO VI

ESCOLA DE FORMAÇÃO PERMANENTE DO MAGISTÉRIO E GESTÃO EDUCACIONAL (ESFAPEGE)

A Esfapege é uma organização social, sem fins lucrativos, de natureza privada, criada em 2006.

Finalidade: desenvolver processos educacionais no campo do ensino e da pesquisa que promovam a formação e qualificação de professores, servidores do magistério e áreas afins.

Missão: garantir formação permanente, pessoal e em serviço dos docentes, integrada ao enriquecimento do fazer pedagógico, valorização do magistério.

Valores e visão: alcance da excelência dos resultados de aprendizagem dos alunos.

6.1 DESAFIOS ESTRATÉGICOS

- Tornar a carreira de professor mais atraente.

Protagonismo – comunidade profissional que colabora e aprende

- Ensinar a pensar como um cientista.

Entusiasmar-se com o que aprendem

- Ensinar poucas coisas, mas em profundidade.

Coerência ou progressão na aprendizagem

Definição de metas de aprendizagem claras e objetiva

| Meta 1: Alfabetização na idade certa (1º e 2º anos – 6 e 7 anos de idade) | Meta 2: Alfabetização dos alunos 3º ao 5º ano (defasados e não-alfabetizados) | Meta 3: Proficiência em LP e MT (alunos já alfabetizados do 3º ao 9º ano) | Meta 4: Ampliação da matrícula da Educação Infantil de 0 a 3 e melhoria da qualidade de ensino. |

Estruturação da política educacional em três grandes eixos estratégicos

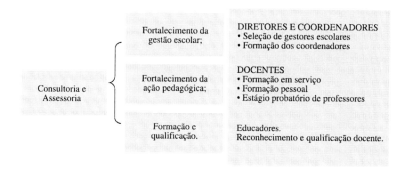

Soluções

- Desenvolvimento de metodologias de ensino e aprendizagem;
- Eficácia na alfabetização dos alunos;
- Programa de desenvolvimento da alfabetização de jovens e adultos com distorção idade/série;
- Aperfeiçoamento das práticas docentes;
- Prática da interdisciplinaridade em todos os eixos de ensino;
- Avaliações de desempenho ensino/aprendizagem;
- Desenvolvimento de Competências Socioemocionais → Atendimento ao Currículo Local e BNCC.

Níveis Educacionais Atendidos

Infantil	Fundamental I	Fundamental II	Coordenadores
• Bebê	• 1º ano	• 6º ano	• Infantil
• Infantil I	• 2º ano	• 7º ano	• Fundamental
• Infantil II	• 3º ano	• 8º ano	• EJA
• Infantil III	• 4º ano	• 9º ano	
• Infantil IV	• 5º ano	• EJA	
• Infantil V	• Luz do Saber		
• AEE	• Hora de Aprender		
• Agentes de Leitura			

Projetos

Programa de Formação em Serviço

- Realização de formação continuada em Serviço de Professores da Educação Infantil, Ensino Fundamental, Educação de Jovens e Adultos (EJA), Atendimento Educacional Especializado (AEE), agentes de leituras, coordenadores pedagógicos, estágios probatórios e formadores, com foco na implementação da Nova Proposta Curricular.

Programa Olhares: o ofício de educar

- Proporcionar aos educadores outras perspectivas de aprendizagem por meio de palestras, oficinas, workshops.

Programa Sobral no Enem

- Realiza aulas e simulados de preparação acadêmica para alunos egressos e matriculados na rede pública inscritos no Enem.

Programa Seleção para Gestores Escolares

- Realizar admissão de pessoal das Unidades de Ensino e demais funções de suporte à educação, com ênfase na gestão, capacitação e treinamento dos selecionados.

Objetivo principal:

Promover formação em SERVIÇO do profissional da educação.

Ações:

- Coordenação, planejamento, execução e acompanhamento do processo de formação continuada dos professores;

- Encontros mensais (formações), separados por nível de ensino e seriação;

- Estudos teóricos temáticos, atendendo demandas atuais e/ou acolhidas dos professores;

- Orientações didático-pedagógicas guiadas por planos de curso bimestrais, de acordo com o Documento Curricular de Sobral, PNLD e programas complementares;

- Implementação de materiais didáticos complementares para todos os níveis de ensino;
- Certificação para professores que cumprirem a carga-horária estabelecida.

Avaliação Externa

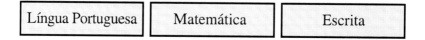

Avaliação semestral dos alunos do 1.º ao 9.º ano do ensino fundamental

Leitura e interpretação dos dados

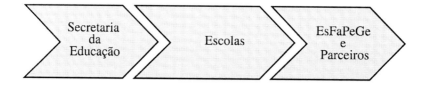

Reuniões por grupos de escolas
Reestruturação dos planos de ação
Redirecionamento das formações
Acompanhamento à Gestão Escolar

Avaliação de Leitura Oral

Os alunos do 1.º e 2.º anos (alfabetização) são submetidos a uma avaliação de leitura oral. A avaliação é individual e gravada em áudio para posterior audição.

Os instrumentos: Cartela de palavras, Frases, Texto e Questões de Compreensão.

1. Fluência de Leitura:
   - Velocidade
   - Precisão

- Prosódia: ritmo e entonação
2. Compreensão

Coordenadoria do Desenvolvimento da Aprendizagem e da Gestão Pedagógica Coordenadoria Administrativa

Aspectos: Administrativos e Pedagógicos

Tutoria Pedagógica (Parceria Itaú Social) Acompanhamento e gestão

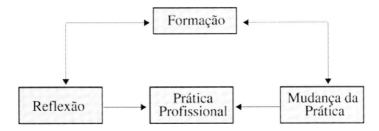

TERCEIRA PARTE

TRABALHOS ACADÊMICOS E DO BANCO MUNDIAL SOBRE A EXPERIÊNCIA EDUCACIONAL EXITOSA DE SOBRAL

CAPÍTULO VII

O SUCESSO DE SOBRAL[1]

7.1 O SUCESSO DE SOBRAL SEGUNDO JOÃO BATISTA ARAÚJO E OLIVEIRA – PHD EM EDUCAÇÃO E PRESIDENTE DO INSTITUTO ALFA E BETO (IAB)

Em entrevista concedida à TV Cultura, programa Roda Viva, do dia 30 de setembro de 2013, o governador do Ceará, Cid Gomes, mencionou meu nome como fiador do sucesso educacional de Sobral. O presente ensaio explicita as razões pelas quais considero Sobral um caso digno de nota, embora seja uma exceção no panorama nacional[2].

Em matéria de reforma da educação, Sobral é uma referência nacional: seus resultados atestam o sucesso, reconhecido por inúmeras publicações e referências na imprensa[3]. A experiência de Sobral e o seu sucesso não se esgotam no município. Parte da experiência foi ampliada para o estado do Ceará, primeiramente com o programa de alfabetização liderado pelo então deputado Ivo Gomes e, posteriormente, com um programa de apoio aos municípios, na gestão do governador Cid Gomes. Para o governo estadual migraram o ex-prefeito e três ex-secretários municipais de Educação do município: Ivo Gomes, Izolda Cela e Maurício Holanda Maia.

Por ironia, o programa de alfabetização de Sobral também foi homenageado na solenidade de lançamento Programa Nacional na Idade Certa (Pnaic), realizada em Brasília no dia 8 de novembro de 2012. Na oportunidade, a presidente da República convidou o prefeito de Sobral e o atual governador para homenageá-los como fontes de inspiração para o programa nacional. A ironia reside no fato de que há irreconciliáveis diferenças entre esses programas – "a idade certa" em Sobral é de 6 anos, no primeiro ano escolar, e não de 8, como no programa federal que vai até o terceiro, e

---

[1] Artigo publicado em 10 de dezembro de 2013, disponível em: http://www.alfaebeto.org.br/wp-content/uploads/2013/12/Sobral-IAB-20150106.pdf. Acesso em: 6 out. 2018.

[2] O link para a fala do governador é: https://www.youtube.com/watch?v=IUhW15L2gNs. Acesso em: 6 out. 2018.

[3] Os principais artigos e publicações sobre a reforma educativa de Sobral encontam-se listados ao final do presente artigo.

a alfabetização se faz com base num programa de ensino rigoroso e em métodos de ensino comprovadamente eficazes, e não de qualquer forma. Este artigo constitui ao mesmo tempo um depoimento, um registro e uma análise da reforma educativa em Sobral. Também apresenta reflexões sobre as lições que podem ser retiradas desse caso e sobre os desafios que pairam sobre o município para continuar avançando. O autor participou em diferentes momentos e capacidades de várias decisões que compõem a estratégia de reforma educativa em Sobral[4] e, portanto, encontra-se na posição de um observador engajado e comprometido com as mudanças aqui apresentadas.

7.2 COMEÇANDO PELOS RESULTADOS

O que mais chama atenção em Sobral é o desempenho relativamente alto e uniforme das escolas, especialmente nas séries iniciais do ensino fundamental. O Quadro 1 apresenta os dados do desempenho das escolas nas quatro edições da Prova Brasil.

Quadro 1 - Desempenho das escolas de Sobral na Prova Brasil do 5º ano

Pontos	2005 LP	2007 LP	2009 LP	2011 LP	2005 MAT	2007 MAT	2009 MAT	2011 MAT
150 a 160	6				1			
160 a 170	6	1			10			
170 a 180	4	4			3	1		
180 a 190		9	1		2	7		
190 a 200	1	4	1			6		
200 a 210		1	5		1	4	1	
210 a 220			14	8	1			
220 a 230			7	12			1	
230 a 240			8	10			15	
240 a 250			3	5			6	2
250 a 260							6	7
260 a 270							6	7
270 a 280							4	12
>280								7
Escolas	17	19	39	35	17	19	39	35

---

[4] A reforma educativa em Sobral começou em 1997 com a adesão do município ao Programa Acelera Brasil, do Instituto Ayrton Senna, programa esse concebido e desenvolvido sob a orientação técnica do autor. Sobre a participação do autor em diferentes momentos da reforma educativa do Ceará há um eloquente depoimento do então Secretário Municipal de Educação Cid Gomes no link: https/www.youtube.com/watch?v= ZWUj-64T1BX8. Acesso em: 6 out. 2018.

Esses dados permitem observar pelo menos três aspectos importantes. Primeiro, houve um aumento progressivo dos resultados, e o aumento se deu apesar do aumento do número de escolas participantes. Segundo, houve um salto significativo em 2009, possivelmente resultante do efeito cumulativo da implementação de programas de ensino estruturado nos anos anteriores. Terceiro, há uma tendência de reduzir a dispersão dos resultados, ou seja, houve ao mesmo tempo um aumento da qualidade e da equidade – as escolas têm desempenho elevado e bastante semelhante. O leitor deve levar em consideração que em Sobral praticamente inexiste rede estadual, há apenas algumas escolas das séries finais em processo final de municipalização. Isso também significa que o resultado inclui os alunos da zona rural, que representam 17% da população escolar.

Esse é o principal "fenômeno" da reforma educativa de Sobral – e contrasta com a ideia de escolas-padrão, escolas-piloto ou escolas de alto desempenho que normalmente chamam a atenção da imprensa. Em Sobral um pai de aluno sabe que pode matricular o filho em qualquer escola pública, pois o padrão de ensino é muito semelhante. Até o momento, nenhum outro município brasileiro atingiu esse nível simultâneo de desempenho e equidade. É isso que caracteriza a existência de uma rede de ensino. O desempenho nas séries finais é bem menos impressionante – e será objeto de comentários mais adiante.

Outro dado importante refere-se à correção do fluxo escolar – o problema a partir do qual tudo começou. O Quadro 2 ilustra a redução da defasagem escolar nos últimos anos, reflexo da redução da repetência e das medidas tomadas no contexto da reforma educativa analisada no presente documento.

Quadro 2 - A redução da defasagem escolar em Sobral

ANO	1º ano	2º ano	3º ano	4º ano	5º ano	6º ano	7º ano	8º ano	9º ano
2012		0,1	0,6	2,1	2,9	6,6	10,3	7,9	8,9
2011	-	0,1	0,8	7,0	2,7	11,2	11,1	11,5	11,5
2010	-	-	1,5	4,6	7,4	11,9	13,6	15,3	14,1
2009	0,1	-	3,6	7,2	6,3	13,6	19,2	17,8	5,1
2008	-	-	4,4	7,5	11,9	18,3	19,5	20,4	20,5
2007	0	0	4,9	11	18,1	19,5	25,4	29,4	27,4
2006	-	-	6	14,2	17,9	23,5	32,6	33,2	38,6

Esses dados mostram que em 2006 já estava se consolidando a correção do fluxo escolar das séries iniciais, mas nas séries finais o quadro ainda era bastante semelhante ao restante do país. Somente quatro anos depois é que os efeitos começam a se notar nas séries finais, sugerindo que em educação não existem passes de mágica: decisões, mesmo acertadas, levam tempo para amadurecer. Manter um fluxo escolar corrigido implica na eliminação das práticas de reprovação em massa, mas não requer necessariamente a promoção automática. Corrigir o fluxo escolar e mantê-lo corrigido requer um ensino de qualidade, que assegure atenção individual aos alunos, um mecanismo de alerta baseado em resultados de testes frequentes e a adoção de medidas corretivas imediatas. Cabe ressaltar que essa redução da defasagem se deu de forma concomitante com um expressivo aumento da qualidade. Se o Quadro 1 ilustrou a relação entre qualidade e equidade, o Quadro 2 ilustra o aumento da eficiência que possibilitou a melhoria da qualidade e da equidade, com a redução de alunos na rede e mobilização de recursos para promover as melhorias.

Os altos índices de repetência que existiam em Sobral, e que caíram dramaticamente, mostram que a reprovação em massa não contribui para aumentar a aprendizagem dos alunos quando não existem mecanismos para assegurar a recuperação dos alunos: nesses casos, reprovar ou aprovar não afeta muito o desempenho do aluno. E sugere que, mais do que a promoção automática, um dos ingredientes essenciais para reduzir a repetência é assegurar a alfabetização dos alunos no 1.º ano do ensino fundamental e promover estratégias eficazes de ensino.

7.3 O QUE DISTINGUE SOBRAL DE OUTROS MUNICÍPIOS

Para um observador desavisado é difícil reconhecer as diferenças. Examinado por critérios formais, e para olhos destreinados, o que ocorre em Sobral parece ser semelhante ao que muitas Secretarias de Educação tentam fazer. Mas as diferenças são grandes e profundas – o autor desconhece qualquer município brasileiro que tenha reunido o conjunto de características descritas a seguir. Esta, talvez, seja uma primeira e importante diferença que vale ressaltar: não são ações isoladas ou algumas ações em si, mas é o conjunto de ações que cria as condições para um avanço. E só há avanço quando as reformas modificam o que acontece na sala de aula (MURNANE, 2013).

O que mais distingue Sobral da maioria dos municípios brasileiros é a aplicação consistente e continuada de poucos princípios básicos de política e gestão educacional. Primeiro, consistência. Vejamos:

- Sobral possui um programa de ensino que constitui o marco de referência para todas as demais ações. Esse programa é claro o suficiente para que diretores, professores, alunos e pais saibam o que se espera deles a cada ano letivo.

- O diretor da escola tem como missão principal implementar o programa de ensino e é responsabilizado pelos resultados. Por outro lado, tem poder e autoridade para dirigir a escola. O que o diretor faz na escola é alinhado com as orientações da secretaria.

- Os alunos são alfabetizados no 1.º ano do ensino fundamental, quando aprendem a ler. A partir daí, leem para aprender. Em Sobral não há dúvidas sobre o que seja um aluno alfabetizado, sobre como alfabetizar e sobre como avaliar para saber se ele foi alfabetizado.

- As escolas compartilham os mesmos materiais de ensino estruturado e se submetem a avaliações bimestrais. Isso permite assegurar que todos os alunos recebem um mesmo padrão de ensino e que seus resultados possam ser comparados – desde que os professores sejam apoiados e supervisionados para fazer o que foi acertado. Os resultados dessas avaliações não são usados para punir as escolas ou alunos: são usados para orientar a recuperação imediata dos alunos.

- A escola recebe orientação e supervisão da secretaria, focada essencialmente no cumprimento do programa de ensino.

- Os professores recebem apoios necessários e suficientes para realizarem o seu trabalho. O principal desses instrumentos é a reunião de planejamento das tarefas. Nessa reunião os professores planejam o que farão nas próximas semanas e recebem orientação e apoio para entrarem na sala de aula preparados e com segurança, sabendo o que vão fazer, quando e como.

Os elementos destacados supra sugerem que políticas claras sobre o que ensinar, como ensinar, quando ensinar e como avaliar vão junto a práticas de gestão que asseguram a sua implementação. É dessa forma que as reformas chegam à sala de aula e modificam o que acontece entre o professor e o aluno, o que resulta em melhor desempenho. Além da consistência, houve continuidade – um caso raro no Brasil. A reforma educativa em Sobral foi evoluindo em sua abrangência, mas experimentou uma continuidade em suas prioridades, princípios e estratégias durante pelo menos 13 anos, e isso ainda perdura. Nos últimos 16 anos o município teve apenas quatro secretários de Educação, e os três sucessores eram membros da equipe da secretaria e já assumiram o cargo totalmente alinhados com a proposta de trabalho. Isso permitiu assegurar continuidade nas linhas mestras da "reforma". Continuidade é uma condição necessária, mas não suficiente: há alguns sistemas municipais e estaduais de ensino em que o mesmo partido ou mesmo grupo permanece na Secretaria por quatro ou mais mandatos, mas sem apresentar os mesmos resultados. O que importa é a continuidade de políticas e práticas adequadas, não necessariamente de partidos ou pessoas. A continuidade partidária não é suficiente, para assegurar continuidade de políticas, e boas práticas deveriam ser mantidas e preservadas mesmo quando mudam os partidos.

7.4 COMO TUDO COMEÇOU

A história de Sobral começa no fim do século passado. Em 1997, o Instituto Ayrton Senna desenvolveu uma estratégia visando à correção do fluxo escolar e a implementou em municípios que aderiram a mesma. O autor do presente artigo foi o idealizador do Programa Acelera Brasil e do programa Escola Campeã – mencionado adiante –, e atuou como consultor técnico do Instituto Ayrton Senna durante o período aqui mencionado. Os princípios de pedagogia e gestão usados nesses programas são parte de sua trajetória profissional como consultor e presidente da JM-Associados e que foram continuados pelo Instituto Alfa e Beto, criado em 2006. Sobre os fundamentos desses programas, ver Oliveira (2003) e Oliveira (2007). Sobral foi um dos 17 municípios que aderiram ao programa – denominado Acelera Brasil – e em três anos conseguiu reduzir o atraso escolar de maneira significativa. A coordenadora local do programa na Secretaria Municipal foi a professora Izolda Cela, que posteriormente tornou-se subsecretária, secretária municipal de educação de Sobral e, mais tarde, secretária estadual de educação do Ceará.

A solução de um problema leva a outro. A implementação dos programas de aceleração da aprendizagem colocou a nu uma enorme fragilidade das redes de ensino: o problema da gestão. As redes municipais em que foi implementado o Programa Acelera Brasil não dispunham de instrumentos básicos de gestão, nem na secretaria, nem nas escolas e nem nas salas de aula. Daí surgiu um novo programa – o Programa Escola Campeã, voltado para o fortalecimento da capacidade gerencial das secretarias e das escolas. O Programa Escola Campeã, do Instituto Ayrton Senna, tinha como foco a gestão – da secretaria e dos municípios. Ele foi concebido pelo autor do presente artigo e incorporou componentes de um programa de gestão que havia sido desenvolvido pelo autor no contexto do programa de reforma educacional da Bahia, Educar para Vencer. O programa Escola Campeã envolveu inicialmente 45 municípios, entre os quais, Sobral.

O Programa Escola Campeã, em Sobral, foi acompanhado de uma mudança no perfil do secretário: uma das recomendações do programa foi de nomear como secretários pessoas que tivessem experiência e perfil gerencial. Atendendo a esse requisito, o prefeito Cid Gomes escolheu o então secretário municipal de governo, Ivo Gomes, para ser o secretário de educação. Concluído o ciclo da correção do fluxo escolar, e com a mesma aplicação, Sobral concentrou-se na implementação das orientações do Programa Escola Campeã. O principal avanço foi a organização de sistemas de informação da secretaria, articulados com os que vinham sendo implementados nas escolas desde o programa Acelera Brasil, o fortalecimento da capacidade de gerenciamento das escolas, com ênfase no diretor. Desde logo, o diretor passou a ser escolhido por critérios de mérito que foram aperfeiçoados ao longo do tempo. Por outro lado, a implementação dos programas de correção do fluxo escolar e o uso dos instrumentos do programa de gestão levaram à formação de quadros gerenciais nas escolas e na secretaria. É dessa equipe que saíram as equipes gestoras e os futuros secretários e subsecretários de educação de Sobral.

O que merece destaque: tanto na gestão da secretaria quanto das escolas desapareceu a improvisação: os diretores, que passaram a ser escolhidos por critérios de mérito e de forma criteriosa, ao assumirem as escolas já sabiam o que fazer e como fazer. O mesmo passou a ocorrer nos cargos diretivos da secretaria. Durante pelo menos dois anos o tema do fortalecimento da capacidade de gestão das escolas e da Secretaria tornou-se o foco central da atenção. A avaliação tornou-se prática corrente – mesmo antes de se implementarem práticas eficazes de ensino. Mas como a avaliação era levada a sério, logo despontou um novo problema: continuava a defasagem escolar, e o vilão principal foi identificado.

7.5 O DESAFIO DA ALFABETIZAÇÃO

Um dos primeiros indicadores que começaram a se manifestar foi o da falta de alfabetização: a aceleração dos alunos defasados fora feita, mas continuava a reprovação, e, com isso, a perpetuação das distorções no fluxo escolar. Com o diagnóstico tornou-se claro o vilão da história: os alunos não eram alfabetizados no 1.º ano. Esse problema fora diagnosticado não apenas em Sobral, mas nos demais municípios que participavam do programa Escola Campeã, e foram analisados no livro *A Escola vista por dentro* (OLIVEIRA; SCHWARTZMAN, 2002).

O desafio de alfabetizar as crianças no 1.º ano tornou-se o novo foco do então secretário Ivo Gomes. Primeiramente, com os recursos disponíveis e em seguida com a colaboração de consultoria externa, sob a responsabilidade do professor e consultor Edgar Linhares, a secretaria desenhou e implementou estratégias para assegurar a efetiva alfabetização das crianças no 1.º ano do ensino fundamental. A partir de 2003 – e desde então – o município passou a adotar o Programa Alfa e Beto de Alfabetização. Esse programa foi desenvolvido e pré-testado em 2002 e implementado a partir de 2003. Ele foi desenvolvido pelo autor do presente trabalho e posteriormente foi incorporado ao patrimônio do Instituto Alfa e Beto.

Movimentos semelhantes começaram a ocorrer em outras partes do país. Com base nos achados do estudo *A Escola vista por dentro*, a Comissão de Educação e Cultura da Câmara dos Deputados, sob a presidência do deputado Gastão Vieira, convocou, em 2003, um grupo internacional de trabalho para elaborar um relatório sobre a questão da alfabetização infantil no Brasil, à luz das evidências, políticas e melhores práticas existentes no mundo. O grupo reuniu quatro dos mais importantes membros da comunidade científica internacional engajada em estudos sobre alfabetização à época: Marilyn Jaeger Adams, Jean-Emile Gombert, José Junca de Morais e Roger Beard, além de três estudiosos do tema no Brasil, os professores Cláudia Cardoso-Martins (UFMG), Fernando Capovilla (USP) e o autor do presente trabalho. Os resultados desse grupo de trabalho foram publicados sob o título de: *Alfabetização infantil: os novos caminhos – relatório final* (2003).

Ao mesmo tempo, com base na experiência de Sobral e nos estímulos advindos desses estudos e movimentos, Ivo Gomes, já então deputado, empreende uma cruzada para estender a todo o estado a prioridade da alfabetização. Essa cruzada incluiu a realização de inúmeros diagnósticos, estudos, seminários e documentos com propostas de políticas públicas. Essas iniciativas foram levadas a cabo pelo Comitê Cearense para a Eliminação do Analfabetismo Escolar. Essas políticas vieram a ser materializadas posteriormente, quando o prefeito Cid Gomes se tornou governador do estado do Ceará e criou o Programa da Alfabetização na Idade Certa

(Paic). Incluiu, entre outras atividades, o desenvolvimento de um sistema de avaliação (Spaece-Alfa) como desdobramento do Spaece, e um sistema de incentivos aos municípios participantes.

O Quadro 3 ilustra o avanço dos índices de alfabetização no estado do Ceará decorrentes desse programa:

Quadro 3 - Notas do SPAECE ALFA

	2008	2009	2010	2011	2012
Total	127,8	133,8	162,3	173,9	164,7
IAB	126,6	144,6	166,6	180,3	183,2
Demais	128,4	132	161,8	177,6	162,1
Diferença	-1,8	12,6	5,6	2,1	21,1
Sobral	188	167,9	203,4	214,8	197,6

Fonte: SEDUC-CEC2012

Os avanços do conjunto de municípios são notáveis – quase 40 pontos num espaço de quatro anos. No caso de Sobral, os resultados em 2008 já eram superiores ao que os demais municípios atingiram em 2012. No caso de outros municípios que adotaram as mesmas estratégias de alfabetização usadas em Sobral, eles obtiveram 21,1 pontos a mais do que os alunos dos demais grupos em 2012. Isso representa quase meio desvio padrão – uma diferença excepcional. Nesse ano de 2012, o exame foi mais rigoroso e houve uma queda na média geral em relação aos anos anteriores. Ao contrário dos demais municípios, os resultados dos municípios que utilizam programas do IAB subiram nesse ano, inclusive em relação à média dos anos anteriores. Isso possivelmente reflete o fato de que os alunos alfabetizados pelo IAB possuem competências mais sólidas. Tanto o teste Spaece-Alfa quanto os dados fornecidos pela Seduc-CE padecem de problemas metodológicos que já foram apontados reiteradamente pelo autor às autoridades competentes. Apesar desses problemas – que supostamente afetam todos os municípios igualmente –, as tendências são bastante claras. O programa Spaece-Alfa teve pouco impacto em Sobral, que já se encontrava num patamar elevado no início do programa. Teve um impacto significativo no agregado dos municípios e, no caso dos municípios que utilizam o programa do IAB, o impacto é ainda muito maior. Isso sugere que estratégias e métodos fazem diferença em educação.

Cabe observar que, embora o Programa de Alfabetização do Ceará promova a ideia de alfabetizar os alunos no 2.º ano, Sobral permaneceu fiel a seus princípios e continua alfabetizando os alunos no 1.º ano do ensino fundamental. Esse comportamento é digno de nota, especialmente num país em que as instâncias municipais se sentem inferiores dentro da Federação e raramente se afirmam e se comportam como entes federados autônomos. A mesma capacidade que Sobral teve de dizer não a inúmeros outros programas, projetos e estímulos a distrações de todos os tipos lhe permitiu manter-se fiel às suas convicções, amplamente respaldadas pelos seus resultados.

7.6 O ENSINO ESTRUTURADO

A experiência com novos métodos de gestão e com o programa de alfabetização levou a Secretaria de Educação a buscar soluções para os desafios seguintes: o ensino de Língua Portuguesa e Matemática nas séries iniciais. A partir de 2006, o município de Sobral passou a adotar vários programas de ensino estruturado desenvolvidos pelo Instituto Alfa e Beto, primeiramente na área de Língua Portuguesa, depois em Matemática e posteriormente também em Ciências. Esse desafio foi enfrentado com a adoção de programas de ensino estruturado, que foram implementados de maneira progressiva e cujos resultados se evidenciam nos lentos, mas decisivos progressos apresentados na Prova Brasil.

A implementação dos programas de ensino estruturado se fez de forma consistente com os mecanismos de gestão, com as práticas gerenciais de alinhamento das escolas e com apoio pedagógico consistente aos professores. Uma das iniciativas da secretaria consistiu na criação da Esfapem – uma escola de formação de professores que passou a dar apoio técnico à Secretaria, às escolas e mesmo a outros municípios, implementando e difundindo esses mesmos princípios. Os dirigentes da Esfapem também sempre foram membros das equipes de gestão da secretaria, e, portanto, alinhados com os mesmos princípios e práticas.

7.7 OS EFEITOS CUMULATIVOS

O Quadro 4 apresenta os resultados de uma política que alia decisões pedagógicas corretas com práticas gerenciais consistentes. O Quadro apresenta os resultados de Sobral nas quatro rodadas da Prova Brasil e os compara com os resultados agregados dos municípios do estado do Ceará e do conjunto dos municípios brasileiros.

Quadro 4 - Resultados das redes municipais na Prova Brasil

	5º ANO LP			5º ANO MAT		
	Sobral	Ceará	Brasil	Sobral	Ceará	Brasil
2011	230,9	183,44	187,15	270,55	199,71	206,14
2009	218,24	172,29	181,38	244,77	187,5	201,39
2007	184,79	159,4	172,35	194,09	174,6	190,06

Fonte: MEC 2012

O quadro supra revela um padrão consistente de melhoria em todas as redes e nas duas disciplinas, mas há peculiaridades importantes. Em 2007, Sobral se encontra num patamar próximo à média nacional nas duas disciplinas, mas já bastante diferenciado do resto do estado. Ao longo de três rodadas da Prova Brasil seus resultados vão crescendo em proporção muito maior do que as redes municipais do Ceará e do resto do país, nas duas disciplinas. Em 2011, as médias de Sobral do 5.º ano estão próximas às médias nacionais do 9.º ano no restante do país. E as notas de Sobral no 9.º ano revelam que também no 9.º ano Sobral já havia se distanciado significativamente das médias do país – que são sabidamente ainda mais insuficientes do que as médias das séries iniciais.

7.8 AS SÉRIES FINAIS

Uma das características marcantes do sucesso de Sobral é o que Sobral não fez: a implementação errática e aleatória de uma miríade de programas e projetos desconectados. Não fez, por exemplo, cuidar de tudo ao mesmo tempo – e uma das áreas a descoberto foram as séries finais do ensino fundamental. Além da falta de tempo e condições gerenciais, outra razão retardou a entrada nessa área: o nível dos alunos do 5.º ano ainda não era suficiente para prepará-los de forma adequada para os desafios das séries iniciais.

No fim de 2011 a equipe da secretaria, sob a liderança do secretário Júlio César, decidiu estender a atenção às séries finais. Com o apoio técnico do Instituto Alfa e Beto, a secretaria implementou, a partir de 2012, uma série de medidas para melhorar a qualidade do ensino. O IAB foi formalmente contratado no ano de 2012 para elaborar a proposta de melhoria do ensino nas séries iniciais. Nesse primeiro ano as medidas possíveis incluíram uma primeira organização do currículo, uma sistematização das atividades dos professores a partir dos livros didáticos existentes, a implementação de provas bimestrais, a capacitação de professores para analisar erros em provas. Essa intervenção é inspirada na proposta da Data Wise desenvolvida pela Universidade de Harvard (BOUTETT; CITY; MURNANE, 2006), e que foi aplicada inicialmente pelo IAB, em Sobral. Os testes são desenvolvidos de forma a revelar diferentes tipos de erro, e os professores são treinados para identificar os problemas e deficiências de ensino que levaram a esses erros – e a buscar as soluções, e outras medidas de caráter gerencial. Esses esforços foram continuados e aprofundados em 2013 e ainda se encontram em fase de implementação.

A extensão da reforma para as séries finais suscita dois questionamentos importantes. Primeiro, o sucesso da reforma nas séries iniciais possivelmente atingiu ou está perto de atingir o máximo que pode dar. Para uma elevação mais significativa do nível de aprendizagem possivelmente será necessário elevar o patamar de qualificação dos professores – o que requer uma série de outras reformas institucionais. O esboço dessas reformas foi delineado como subproduto de um estudo sobre otimização da rede de ensino elaborado pelo Instituto Alfa e Beto para o município de Sobral em dezembro de 2012.

Por outro lado, como não houve uma mudança no perfil de recrutamento dos professores, abrir mão das estratégias de ensino estruturado pode colocar em risco os avanços obtidos. Segundo, além de requerer um patamar mínimo de conhecimentos pelos alunos, o sucesso nas séries finais depende, entre outras, de mudanças profundas no currículo e na proposta pedagógica das escolas, criando maior espaço para que o aluno se envolva em atividades extraclasse, que contribuam para aumentar a sua identificação com a escola e entender melhor a importância de um ensino e de um estudo rigoroso. A mesma estratégia que funcionou para as séries iniciais não será adequada para as séries finais.

7.9 O PROCESSO DE MUDANÇA

Nem todo bolo sai conforme a receita. Ingredientes, condições ambientais e a qualidade do cozinheiro são fundamentais. Nessa história, como em qualquer história de reformas educativas, a forma e os cuidados na implementação constituem variáveis fundamentais para assegurar o sucesso – ou fracasso – de uma reforma. Ademais, como em qualquer processo de mudança, há contornos, desvios, imprevistos, e diversas outras ações cujo impacto também é difícil de medir.

Certamente o que se conseguiu em avanço em Sobral é fruto de decisões pedagógicas acertadas e de uma implementação consistente. Mas a forma de implementação é sempre fruto de características locais – inclusive de ações não previstas, não planejadas ou acessórias – cujo impacto é mais difícil de avaliar, mas que fazem parte do conjunto. Em Sobral foram implementadas algumas outras ações tais como programas de estímulo à leitura e produção escrita dos professores e uma instituição – a Esfapem – voltada para a capacitação e produção de guias didáticos.

A literatura sobre reformas educativas é extensa e é proverbial a dificuldade de se enxergar o curso de acontecimentos ao longo do tempo. Também sabemos que é muito mais difícil avaliar o impacto de diferentes componentes num processo de tão longa duração. Pelo que sabemos de reformas educativas de sucesso, no entanto, podemos supor que as intervenções mais eficazes são aquelas que chegam efetivamente à sala de aula, mudando, para melhor, a relação didática entre o professor e os alunos. Ou seja, a implementação de um programa de ensino estruturado.

7.10 LIÇÕES APRENDIDAS

Várias são as lições que se pode aprender dos avanços em Sobral. Destacamos cinco delas que podem beneficiar outros municípios e redes de ensino interessadas no tema.

Primeiro: em sistemas altamente ineficientes, como é o caso da educação na maioria dos municípios, é preciso começar atacando as maiores ineficiências. Quando feito com sucesso, isso gera capital político e recursos financeiros para avançar. No Brasil as maiores ineficiências estão associadas com a reprovação em massa, com a organização da rede, alocação de pessoal às escolas e políticas salariais. Quando um município gasta mais de 60% com pessoal não sobram recursos para tornar o pessoal eficiente.

Segundo: as intervenções devem ser feitas com foco em problemas, atacando um de cada vez, mas dentro de um marco de referência consistente, baseado em evidências, com instrumentos gerenciais que permitam identificar e corrigir erros e com uma concepção que permita institucionalizar boas práticas. Isso vale para a sala de aula, para a escola e para a secretaria. Programas e projetos efêmeros – especialmente programas sem fundamentação sólida e de caráter imediatista – raramente levam a resultados duradouros. Isso vale para a miríade de cursos de capacitação de professores sem qualquer eficácia, sistemas de incentivo concebidos de forma inadequada, introdução de programas especiais, tecnologias sem vínculo com os conteúdos específicos etc. Ou seja: quase tudo que se vem fazendo no Brasil – mesmo projetos que poderiam ser meritórios em si – é inserido nas redes sem qualquer compromisso com resultados ou com continuidade – e acaba no descrédito e sem promover melhorias no desempenho dos alunos.

Terceiro: pedagogia e gestão andam juntas. O ponto de partida para melhorar a educação está na gestão da sala de aula e na gestão da escola. Não é possível melhorar a pedagogia sem mudar ao mesmo tempo as práticas de gestão. Normalmente as intervenções iniciadas pelo MEC – que no Brasil pode agir diretamente junto às escolas inclusive sem consultar a rede municipal – e pelas Secretarias Estaduais e Municipais de Educação, com uma miríade de intervenções desarticuladas e sem foco preciso e frequentemente inconsistentes entre si, atrapalham, mais do que ajudam a vida da escola e do diretor.

Quarto: a principal função de uma Secretaria de Educação é apoiar as escolas. Para consolidar uma rede de ensino é necessário ter ideias claras e capacidade de promover o alinhamento das pessoas em torno dessas ideias, usando mecanismos institucionais adequados. Conforme ilustrado no estudo da Mckinsey a respeito de reformas educativas eficazes (BARBER; MORSHAD, 2007), o espaço de autonomia de professores e escolas não é um valor absoluto, ele deve estar definido pelo nível de desenvolvimento de cada sistema. Em sistemas de ensino como é o caso da maioria das redes municipais e estaduais no Brasil, onde a gestão é frágil e o nível de preparo dos professores é muito limitado, estratégias adequadas precisam organizar a vida das escolas e o trabalho dos professores. De acordo com os dados compilados naquele estudo, começar pela autonomia nesses contextos é receita para o fracasso.

Quinto: Sobral enfrentou e venceu alguns desafios, e seu sucesso criou outros. Muito do que se fez em Sobral, em vários anos, pode ser feito em muito menos tempo, tendo em vista o que sabemos, hoje, sobre esses problemas, soluções e dados os instrumentos gerenciais e pedagógicos disponíveis. Por outro lado, os municípios que ainda não resolveram esses problemas básicos – e que são a maioria – acumularam outros problemas, e o clima para empreender reformas hoje se tornou mais difícil. Isso irá requerer uma liderança e uma competência gerencial ainda maiores. Esta é a quinta lição: deixar para depois quase sempre custa mais caro, pois o custo de corrigir é muito maior do que o custo de fazer certo da primeira vez.

7.11 DESAFIOS

A reforma de Sobral, como qualquer outra, nunca é obra acabada. Entre os vários importantes desafios a serem enfrentados, apresentamos apenas dois deles para ilustrar que em educação não existe um ponto final.

No que se refere às séries iniciais, em que o sucesso foi maior, Sobral conseguiu chegar ao máximo que se pode conseguir com o pessoal docente. Daí o dilema. Para manter o nível de qualidade será necessário manter as estratégias que deram certo – especialmente as que se referem ao ensino estruturado. Para dar um salto de qualidade será necessário criar carreiras e atrair professores num patamar de formação distintamente elevado – e aí as estratégias serão diferentes.

Um segundo desafio refere-se a questões de institucionalização. Sobral está bem equipada para operar o sistema que deu certo, mas para continuar melhorando precisa institucionalizar políticas e práticas num patamar bem superior ao atual. Por exemplo, uma Secretaria de Educação num município do porte de Sobral precisa de profissionais de várias áreas que não só da educação para fazer face às exigências do planejamento. Para avançar também precisa, como dito no parágrafo anterior, consolidar novas carreiras docentes e, sobretudo, consolidar e institucionalizar seus mecanismos de escolha de diretores.

CAPÍTULO VIII

INSTITUCIONALIZAÇÃO DO DIREITO À EDUCAÇÃO DE QUALIDADE: O CASO DE SOBRAL (CE)

Ilona Becskeházy

8.1 RESUMO

O trabalho é o estudo de um caso crucial (Eckstein) de um município pobre e populoso (Sobral) dentro do contexto de um problema de cunho nacional – o baixo rendimento sistemático e estrutural dos alunos brasileiros nos testes padronizados nacionais e internacionais, inclusive em relação ao processo escolar mais elementar, que é o processo de alfabetização – emerge como um exemplo de sucesso escolar. Todos os indicadores educacionais de Sobral mostram uma trajetória consistente e sustentável de melhoria, que descola da dos demais municípios de mesmo porte populacional no Brasil, mas que segue em paralelo ao estado do Ceará. As perguntas que a pesquisa pretendeu responder são:

1. Como foi que Sobral chegou a alcançar os níveis de desempenho nas provas padronizadas nacionais? Que fatos, políticas públicas ou atores teriam contribuído para que as escolas do município alcançassem os resultados que justificam o presente estudo?

2. Seria possível repetir essa experiência em outros municípios do Brasil? Ou seja, é possível "sobralizar" a educação brasileira? Os objetivos da investigação foram situar as reformas educacionais do município no amplo contexto nacional e internacional das reformas do tipo qualidade dos anos 1990/2000, identificando e categorizando os principais fatores e componentes de política pública em nível local, estadual e nacional que contribuíram para seu sucesso cotejando-os com teorias existentes e já validadas em outros contextos. Os principais condicionantes das refor-mas exitosas de Sobral identificados são o conjunto formado

por policy, polity e politics: a) um processo de parametrização de expectativas de aprendizagem e de alfabetização (Linhares) que reflete o consenso internacional sobre o tema (policy), b) a adoção institucionalizada de conceitos e práticas de eficácia escolar na gestão pedagógica e escolar da rede (polity), descritos por Lezotte, Edmonds, Levin e Fullan, e c) um conjunto de lideranças com crenças fortes o suficiente para sustentar uma coalizão longeva (politics), conforme Kingdon, Sabatier e Jenkins, o qual mantém a estabilidade e o aprimoramento contínuo das políticas. Com o primeiro objetivo cumprido e com base nas teorias a eles relacionadas, que, no contexto de Sobral, foram novamente validadas, responde-se a segunda pergunta. "Sobralizar" ou "cearalizar" a educação no restante do Brasil depende de ações políticas suficientes para alterar a dinâmica de forças que disputam recursos e poder no âmbito das reformas do tipo qualidade no Brasil (matriz de Wilson e Corrales), com o objetivo de pacificar: a) a polêmica em torno do processo de alfabetização e do estabelecimento de parâmetros ambiciosos de aprendizagem para todos os alunos; b) a profissionalização da instituição escola, fomentando uma cultura de sucesso acadêmico a partir da escola pública e c) o reconhecimento do monitoramento incansável dos processos de aprendizagem para garantir que todos os alunos aprendam de acordo com os parâmetros estabelecidos.

Palavras-chave: qualidade da educação; alfabetização; escola eficaz, eficácia escolar; empreendedor de política pública; coalizão advocatória e crenças; Sobral, Ceará.

8.2 CONCLUSÕES E REFLEXÕES

O objetivo deste capítulo final é, com base no que foi abordado nos capítulos anteriores, apresentar um resumo dos elementos indicados até este ponto, os quais respondem à primeira pergunta da pesquisa: "Como foi que Sobral chegou a alcançar o nível de desempenho nas provas padronizadas nacionais"? Em seguida, por meio da segunda: "É possível "sobralizar" a educação brasileira?", fazer um breve exercício de especulação sobre como várias combinações dos elementos já identificados e a possibilidade de que cada um deles ocorra ou seja reproduzido em outros contextos – principalmente fora do estado do Ceará – pode influir na chance de uma hipotética "sobralização" educacional do Brasil. Além disso, reforçar as limitações do presente trabalho, perguntas novas que surgiram na sua elaboração e as recomendações principais.

8.2.1 Retomada – como foram descobertos os "segredos" de Sobral

O esforço acadêmico para responder a primeira pergunta de pesquisa não estava totalmente estruturado desde o início. Começou pegando carona nos questionários e entrevistas de diagnóstico curricular da rede para a elaboração do currículo de Língua Portuguesa e Matemática, de cuja elaboração e aplicação participei, e continuou durante todo o projeto com observações e investigações ad hoc, dependendo do que já se tinha compreendido e do que ainda havia a descobrir. O trabalho constituiu-se de um estudo de caso profundo que levantou, estudou, descartou e validou uma quantidade substancial de informações, dados, conteúdos técnicos, fatos e opiniões.

Logo ao conhecer Sobral, pela primeira vez, quando teve início o diagnóstico das práticas curriculares, dois elementos de política pública que podiam ser confrontados com proposições teóricas existentes foram identificados: tratava-se de uma rede em que se praticava a lógica das escolas eficazes (tema original da tese – comparar políticas educacionais que contassem com esse arcabouço teórico empírico dentro de um recorte no cenário brasileiro) e de um ambiente de gestão de política educacional no qual lideranças políticas locais tiveram papel preponderante na ruptura de uma trajetória longeva de fracasso escolar naturalizado. Entretanto, a convivência e a interação técnica com a rede do município no âmbito do projeto do currículo novo (de 2015 até o momento) permitiram a identificação de um terceiro componente, que eu avalio como sendo o principal fator que explica o sucesso inicial e continuado das reformas educacionais do município: a competência do método de alfabetização escolhido; a forma de avaliar esse processo, que reflete as habilidades trabalhadas, está descrita em detalhes nas páginas 91 a 111 do relatório do Inep sobre Sobral. Vencendo o desafio da aprendizagem nas séries iniciais: a experiência de Sobral, de 2005. As atividades que levam ao desenvolvimento das habilidades, nas páginas 112 a 121. Entretanto, há uma frase na página 117 que dá a entender que o método utilizado em Sobral é o "método global", que "parte do todo (textos, frases, palavras) para as partes (sílabas e letras)". Isso é exatamente o contrário do que se faz: uma vez aprendidas as partes, pode-se fazer exercícios inversos, reconhecer partes em todos. A questão é compreender por que essa foi a atividade escolhida pelos autores do relatório para exemplificar o nível de detalhamento das orientações pedagógicas: acaso ou negação?

Nesta etapa de finalização da análise do caso crucial de Sobral, é importante ressaltar que as lideranças educacionais do município terem chegado ao método de alfabetização proposto pelo professor Edgar Linhares (ver Capítulo 2, sessão 2.6.1) foi, de certa forma, fruto do acaso. Um evento ainda mais aleatório do que, na mesma época, terem sido apresentados ao manual de gestão educacional eficaz do Programa educar para vencer, pelo Instituto Ayrton Senna.

Se os fatos a seguir não tivessem acontecido na ordem como se sucederam, é possível que Sobral ainda continuasse apresentando os mesmos indicadores educacionais que outras localidades de perfil semelhante: 1) o professor Edgar Linhares era (e continuou sendo) um dos pouquíssimos acadêmicos brasileiros que reconhecia o consenso internacional sobre as etapas do processo de alfabetização; 2) a secretária de Educação no primeiro mandato do então prefeito Cid Gomes, Ada Pimentel, não apenas o conhecia, como decidiu indicá-lo para avaliar e, posteriormente, corrigir a questão do analfabetismo gerado nas escolas de Sobral, o que ele, prontamente, aceitou; 3) ele foi mantido como principal referência sobre o tema até que os resultados de fluência leitora aparecessem e fossem consolidados – só a partir daí que o conjunto de etapas que compõem o processo de alfabetização passou a ser a sistemática que prevaleceu localmente, em seguida sendo transferida para o estado do Ceará por meio do Comitê Cearense para a Eliminação do Analfabetismo Escolar. Reforçar esse fato não é um mero detalhe, porque sem o processo de alfabetização totalmente contemplado e sem a medida sistemática da fluência de todos os alunos – que é o que se faz, como regra, em ambientes alfabetizadores – dificilmente o município teria alcançado as conquistas educacionais que hoje o tornam famoso.

Utilizando a analogia com estudos de casos de medicina recomendada por Eckstein, para justificar o emprego desse tipo de metodologia em Ciências Sociais, essa descoberta sobre uma sistemática de alfabetização consensuada internacionalmente foi um momento "ahá" da presente investigação, assim como foi descobrir que os "tijolões" do Instituto Ayrton Senna – que continham os manuais de gestão eficaz do estado da Bahia (Projeto Escola Campeã) – ainda eram a principal referência de formação em gestão escolar localmente. Em medicina, equivaleria a descobrir o agente fisiológico que protege indivíduos sadios dos efeitos de agentes patológicos presentes no ambiente.

Continuando a metáfora médica sugerida por Eckstein, temos o que segue. A etiologia do caso em questão envolve um paciente inserido em um ambiente de doença contagiosa de efeitos crônicos (cultura de fracasso escolar, não exclusiva, mas especialmente forte para pessoas social e economicamente vulneráveis em territórios dominados pela pobreza e desigualdade, como os estados da Região Nordeste do Brasil), além de virulenta (há interesses na sociedade que a cultivam ativamente), que apresenta sinais de saúde robusta (aferidos pelos indicadores estaduais e nacionais de desempenho estudantil), por ter desenvolvido mecanismos de imunidade (políticas públicas educacionais do tipo qualidade) ao patógeno (determinismo da pobreza em relação à educação), os quais estão sendo transferidos ativamente aos pacientes próximos, que foram expostos a mecanismos de proteção similares (Paic e seus desdobramentos). A imunidade desses pacientes novos se desenvolve em velocidade e intensidade diferentes entre si e em relação a Sobral. Entretanto, há um grupo (o de municípios cujos prefeitos seguiram com regularidade a mesma linha política que os de Sobral), que parece adquirir imunidade similar mais rapidamente que os demais, mesmo os que também foram expostos ao manual de gestão escolar eficaz por meio do Programa Escola Campeã.

Outro aspecto importante a ser destacado é o contexto das reformas educacionais de Sobral (ver Capítulo 4): elas tiveram início ao final dos anos 1990, período em que o Governo Federal e alguns estados da Federação aplicavam não apenas a redistribuição de recursos educacionais por meio do Fundef (que, nos estados mais pobres, incluindo o Ceará, também significa uma complementação de recursos por parte do Governo Federal), mas também recomendações de política educacional já disseminadas em países desenvolvidos, em particular as de escola eficaz, no âmbito de projetos concebidos em parceria técnica com o Banco Mundial, como, por exemplo, o Fundescola, o Projeto Nordeste e o Projeto Bahia, que deu origem ao Programa Educar para vencer, o qual, uma vez cedido ao Instituto Ayrton Senna, recebeu o nome de Programa Escola Campeã (ver Capítulo 3). Nesse mesmo contexto foram gerados vários instrumentos de gestão de políticas educacionais como o Plano de Desenvolvimento da Escola (PDE) e o Programa Dinheiro Direto na Escola (PDDE). O município valeu-se, com particular competência, desses instrumentos e condições disponíveis para todos os demais.

O que não estava sistematicamente disponível aos gestores municipais de educação foi um processo de alfabetização que levasse em conta as etapas essenciais, em particular o monitoramento da fluência leitora (ver Sessão 6 do relatório final do Comitê Cearense para a Eliminação do Analfabetismo Escolar – LIMA, 2006, p. 135-145). Essa particularidade é fulcral na explicação do "modelo" de Sobral, porque os aspectos de gestão e de liderança são inócuos se os elementos pedagógicos não forem adequadamente abordados. Ainda mais nesse caso, em que se tratava de uma aposta das lideranças em uma ruptura de trajetória consolidada de fracasso escolar, não era apenas necessário melhorar indicadores, mas implantar uma cultura organizacional que levasse ao sucesso escolas de crianças pobres do sertão nordestino, dominado pela lógica do coronelismo, que tinha no analfabetismo da população um de seus pilares.

A superação do analfabetismo escolar logo nos primeiros anos da segunda onda de reforma (as reformas de qualidade do segundo mandato de Cid Gomes – 2000/2004 –, que se seguiram às de acesso do mandato anterior 1996/1999 – ver Capítulo 4) reforçou a crença das autoridades locais e das equipes pedagógicas de que estavam no caminho certo, desde o início do processo. Ter logrado se livrar do analfabetismo escolar em toda a rede em dois anos de introdução das etapas listadas pelo professor Linhares, levadas para todas as salas de aulas por meio de material estruturado e formação em serviço condizente, complementadas por monitoramento de indicadores e indução de comportamentos, é a base da receita sobralense. Desde então e até o presente momento, esses mecanismos vêm sendo "apenas" aprimorados e expandidos.

Como se vê, as explicações não são simples, como querem fazer crer os que defendem ou atacam componentes isolados do complexo sistema de normativas, diretrizes, práticas pedagógicas e de gestão e, especialmente, de crenças que compõem as políticas educacionais de Sobral e, aos poucos, as dos demais municípios do Ceará. Não é o bônus, não é a responsabilização, não é preparar para a prova, não é encurtar/concentrar o currículo, não é a plaquinha de Índice de Desenvolvimento da Educação básica (Ideb) na porta da escola, embora todos esses elementos estejam presentes em Sobral. Cada uma dessas práticas, que pode ser um desastre em outras redes – se aplicada per se –, em Sobral, ganha um sentido amplo e articulado para garantir que todos os alunos aprendam o máximo estabelecido e, mais recentemente, desafiar a rede a aumentar ainda mais as expectativas em relação a esse aprendizado. É por isso que os indicadores educacionais de Sobral fazem uma trajetória sustentável, frustrando quem apostava em um simples voo de galinha.

Por fim, é claro que o presente trabalho não poderia ter revelado nenhum segredo, simplesmente porque, afinal de contas, seu objetivo era aprofundar o entendimento sobre uma política educacional pública. Entretanto, o processo de investigação mostrou que alguns dos elementos essenciais descritos nos capítulos anteriores só foram percebidos e tipificados em momentos muito adiantados das observações, nos tais momentos "ahá", que estavam fora do escopo de análise inicial. Como tudo em uma investigação, essa constatação – de que elementos que deveriam ser óbvios, uma vez que são corriqueiros em países com educação pública já consolidada – também deve ser analisada com muita atenção. Essa é a principal justificativa de se considerar uma pergunta especulativa sobre a probabilidade ou possibilidade de se replicar a experiência em outros contextos, principalmente fora do estado do Ceará: o que hoje é naturalizado em Sobral pode não apenas representar rupturas profundas em outros contextos, quando não serem alvos de oposição política sistemática.

8.2.2 Apresentação dos achados da investigação

Em relação aos objetivos e às perguntas de pesquisa

No Capítulo 1 foram apresentados os objetivos específicos da presente investigação, por meio das perguntas de pesquisa: 1) Como foi que Sobral chegou a alcançar o nível de desempenho nas provas padronizadas nacionais? Ou seja, identificar fatos, políticas públicas ou atores que teriam contribuído para que as escolas de Sobral alcançassem os resultados apresentados como justificativa para escolha do caso. Investigar se elementos que já foram associados – de forma positiva ou negativa – ao contexto educacional do município, tais como o pagamento de bônus, a indústria educacional, o preparo sistemático para avaliações externas, eram mesmo cruciais para explicar a evolução de seus indicadores, ou se havia explicações alternativas ou complementares.

Com base no que foi identificado para responder à pergunta 1, especular sobre a viabilidade de se repetir a experiência de Sobral em outros contextos, principalmente fora do estado do Ceará, onde os elementos identificados já vêm, em diferentes intensidades, sendo implementados de maneira sistemática. Ou seja, responder à pergunta 2 sobre se seria possível "sobralizar" a educação brasileira.

Os elementos identificados para responder à pergunta 1 são: a) contemplar todas as etapas do processo de alfabetização nas práticas pedagógicas – descrito no Capítulo 2 e comprovado para Sobral – para os demais municípios, com resultados similares ou distintos, é preciso ir observar; b) implementar processos e práticas de gestão escolar e pedagógica do tipo eficaz – apresentadas no contexto sobralense e confrontadas com a teoria sobre o tema produzida até a época de sua implementação em Sobral (do final dos anos 1970 até 2000), e c) contar com lideranças políticas com disposição para fazer uma ruptura de trajetória educacional que também fizeram coalizões que se mantiveram no tempo, com um forte componente de crenças que manteve a mesma linha de ação ao longo do tempo.

8.2.3 Em relação ao que foi elaborado no trabalho

Como foi apresentado no Capítulo 1 e retomado supra, os temas principais da presente pesquisa eram, inicialmente, aspectos de liderança e os princípios de eficácia escolar. Este, como uma resposta otimista aos achados de Coleman e, dentro do Brasil, às análises pessimistas de Plank, Ribeiro e Patto sobre a naturalização do fracasso escolar à época do início das reformas educacionais de Sobral (final dos anos 1990) e sua relação com características mais amplas da sociedade brasileira. No seu conjunto, uma nação que permite que grupos mais organizados levem vantagem na busca de interesses individuais comezinhos, como tipificou Plank, ou sinecuras, na explicação de Freyre no sentido de não permitir a emancipação da população por meio da materialização do direito à educação. As referências apontadas neste capítulo evidenciam que os componentes conceituais e práticos associados à eficácia escolar, principalmente conforme delineado por Lezotte, já foram amplamente testados em contextos de sucesso escolar, enquanto, no Brasil, encontram-se ainda praticamente censurados, aparentemente, por terem sido associados a recomendações do Banco Mundial em projetos de gestão escolar. Em Ciência Política, o arcabouço institucional que o desenho de eficácia escolar permite (como permitiu a Sobral) é abordar o elemento polity.

O outro tema que compunha, originalmente, o escopo da presente investigação era o papel das condições políticas relacionadas a processos decisórios sobre políticas públicas – em Ciência Política, o elemento politics. No caso de Sobral, a identificação do(s) empreendedor(es) de política pública caracterizado(s) por Kingdon, ingrediente essencial para promover a quebra de paradigmas que alterem a dinâmica "custos/prejudicados vs. benefícios/beneficiados" de uma determinada política pública, conforme Wilson e Corrales. Além desse aspecto, identificou-se a importância de coalizões que dessem sustentação no tempo às novas políticas, por meio de um sistema de crenças, conforme proposto por Sabatier e Jenkins-Smith.

O terceiro elemento – o policy da Ciência Política – tinha ficado de fora do escopo inicial da pesquisa, mas emergiu durante a observação atenta do contexto e da análise profunda de como se alfabetiza em Sobral. Talvez essa seja a principal lição deste trabalho: para compreender as políticas públicas, esses três elementos – polity, politics e policy – devem ser analisados em uma perspectiva de interdependência. Talvez seja óbvio para quem que está familiarizado com as ferramentas teóricas do campo das Ciências Políticas, mas não tanto para as análises no setor de educação.

Assim, o tema do desenho do processo (policy) de alfabetização surgiu apenas posteriormente, tornando-se, comparativamente aos outros, o elemento mais importante durante a investigação de campo. Sem uma abordagem técnica adequada para abordar um determinado problema, as chances de ele ser resolvido de maneira satisfatória são mínimas, uma afirmação que seria ridiculamente óbvia se as políticas do setor educacional no Brasil priorizassem evidências empíricas, formulações acadêmicas atualizadas e experiências de outros contextos para fundamentar o desenho das soluções técnicas da área. A análise do que se constatou quanto ao desenho do processo de alfabetização em Sobral, do ponto de vista da metodologia escolhida, foi feita da mesma forma como os demais elementos: respeitando a estrutura de um caso crucial – aquele que verifica na realidade a comprovação ou a refutação de uma teoria/proposição existente. Em Sobral, o processo de alfabetização nos primeiros anos do ensino elementar utiliza as mesmas etapas consensuadas em países desenvolvidos, que estão tão consolidadas como processo eficaz que cada uma delas faz parte das normativas curriculares dos países usados como referência, ou seja, já são obrigatórias.

Com essa explicação sobre a forma de analisar o que foi encontrado na pesquisa de campo, faz-se uma retomada resumida de tudo o que foi estudado e apresentado como as principais explicações sobre os determinantes do sucesso educacional do município de Sobral. O Capítulo 1 apresentou o caso, delineando um cenário desafiador para a educação brasileira: crescem as matrículas e melhoram indicadores de fluxo, mas os indicadores de proficiência não evoluem positivamente, em particular para os mais pobres. A Avaliação Nacional de Alfabetização já aponta para a origem da maior parte das dificuldades pedagógicas (ver gráficos que correlacionam as notas da ANA com as da Prova Brasil, nos Capítulos 1 e 2): o analfabetismo escolar, por meio do qual, mesmo dentro das escolas – ou seja, consumindo disputados recursos – não se alcança ensinar, ao universo dos alunos, a leitura de textos com compreensão e a produção textual com nexo lógico. Mesmo com um lapso de tempo generoso para denunciar o analfabetismo escolar – apenas no 3.º ano do ensino elementar (metade do Isced 1), o que equivale ao quinto ano letivo de escolarização para uma população que entra na escola aos quatro anos –, o Brasil não deixa de passar vergonha ao se defrontar com suas próprias avaliações. Estabelecer que a meta é alfabetizar até o 3.º ano no ensino fundamental, o que consta do Plano Nacional de Educação (PNE), o qual ambiciona consumir 10% da produção de riqueza nacional, é garantir a naturalização do fracasso escolar. Entender o porquê do relaxamento dos parâmetros descrito no Capítulo 2 e como ele se dá politicamente, explicado no Capítulo 4, é essencial para delinear qualquer enfretamento realista do baixo rendimento da educação no Brasil.

Ainda nesse capítulo inicial, mostrou-se que a baixa proficiência geral é mais grave para os níveis socioeconômicos mais baixos, persiste nas demais etapas avaliadas pela Prova Brasil e atinge seu ápice ao final da escolarização obrigatória – ensino médio –, quando fica claro que os alunos praticamente não aprendem quase nada além de estarem alfabetizados e numeratizados, quando é o caso de permanecerem na escola para participar das avaliações. Depois de uma alfabetização precária, ao final da primeira etapa do ensino secundário (Isced 2 – 9.º ano), além de apresentar proficiência sofrível, o fluxo escolar volta a cobrar seu alto preço e torna-se novamente uma situação de calamidade pública, com abandono, evasão e repetência alcançando altos índices, principalmente para as escolas públicas. No ensino secundário (Isced 3 – ensino médio), a baixa proficiência combinada com fluxo desgovernado consolida a tragédia de desperdício de capital humano da juventude brasileira.

O Capítulo 1, que é a introdução ao trabalho e a apresentação da sua justificativa, concentrou os dados no início da escolarização e até o fim do ensino fundamental, por uma questão de parcimônia de informações. O que se apresenta até essa etapa já é suficiente para sustentar a argumentação da naturalização do fracasso escolar, em particular para os mais pobres. Entretanto, para a etapa seguinte, o ensino médio (Isced 3), que tem provas padronizadas nacionais aplicadas no 12.º ou 13.º ano a depender se há ou não 4.º na etapa em cada escola, mostra que a situação continua a piorar e se agrava consideravelmente, tanto em questão de fluxo quanto de proficiência.

A comparação internacional permitida pelo Pisa evidencia a gravidade relativa da evolução da educação brasileira para pobres e não pobres: a) a proficiência dos alunos brasileiros não melhorou com significância estatística nas 6 edições do Pisa, de 2000 a 2015; b) nem a "elite" – o decil mais alto de renda – escapa da baixa proficiência relativa; e c) o fluxo de alunos no sistema já está tão comprometido que 1/5 dos alunos de 15 anos sequer fazem a prova. Nesse panorama, surge Sobral: mesmo em contexto de pobreza, o município alfabetiza seus alunos em níveis mais altos logo no início da escolarização, consegue os melhores resultados no 5.º e 9.º anos, com substancial aprendizado de uma etapa para a seguinte, a partir de um fluxo de alunos absolutamente regularizado. Algo que muito poucos municípios e escolas alcançam. O ensino médio não entrou na análise porque é oferecido por outra rede, a estadual, que não está sob o mesmo guarda-chuva de polity e politics que o de Sobral.

O Capítulo 1 também traz uma hipótese de explicação para esse quadro, que é retomada em mais detalhes no Capítulo 4: o fracasso escolar naturalizado para todos, reforçado para os pobres em relação aos menos pobres, tem como raiz uma sociedade leniente com o preparo acadêmico das próximas gerações. Para a elite, há uma maior confiança no capital social das famílias quanto à forma preferencial para garantir o futuro de seus filhos que na meritocracia acadêmica a partir da escola.

Para os alunos pobres e suas famílias, que não estão tão organizados quanto grupos que disputam – e, até aqui, ganham – os recursos para empregos, material didático, equipamentos, construção/reformas, bolsas e afins, que vicejam à sombra das baixas expectativas acadêmicas, sobra um cotidiano escolar carente e desinteressante, desenhado para expulsá-los da escola e das oportunidades de aprendizagem que os tornariam autônomos e competitivos. Fazem vista grossa a esse vergonhoso quadro, quando já não estão diretamente ligados aos grupos que partilham os recursos destinados à educação, empresas e famílias que empregam mão de obra barata e dócil, inclusive por meio de suas engajadas atividades filantrópicas.

Em seguida à apresentação do caso, o trabalho foi dividido em três capítulos explicativos que trazem as principais perspectivas de análise do caso – policy, polity e politics –: o Capítulo 2, que diz respeito a aspectos técnico-pedagógicos para a parametrização da educação em geral e do processo de alfabetização, em particular; o Capítulo 3, que trata de aspectos de gestão pedagógica do tipo escola eficaz, e o Capítulo 4, que utiliza formulações da área de Ciências Políticas para analisar as condições políticas que mais provavelmente permitiram que o que está descrito nos capítulos anteriores fosse materializado e mantido ao longo do tempo em Sobral – o somatório de três componentes já bastante estudados nesse campo científico: empreendedores de política pública, coalizões políticas e sistema de crenças.

O Capítulo 2 situa o Brasil, Ceará e Sobral em um contexto histórico mais amplo, de âmbito internacional – no qual está em curso um processo contínuo de evolução da concepção do que seja o direito à educação e de como esse direito humano universal depende de uma clara parametrização para que possa ser identificado como problema, demandado por grupos de interesse ou escolhido como prioridade e monitorado de maneira objetiva pelas autoridades educacionais. Como verificação empírica, foi possível comparar o que se pratica como normalidade pedagógica em Sobral, decorrente de uma parametrização como estratégia da política educacional, com o que se pratica com os mesmos objetivos em países desenvolvidos, resultado de sucessivas e cumulativas revisões das normativas curriculares, que tomam por base a evolução das pesquisas na área de Pedagogia, Neurociências e os currículos uns dos outros. Essas referências podem ser verificadas nas bibliografias dos comitês técnicos que, normalmente, precedem essas revisões, porque os documentos citados no trabalho são normativos, portanto, não contam com bibliografia.

Dois exemplos empíricos foram utilizados para evidenciar o descasamento entre a produção técnica e acadêmica sobre parâmetros educacionais em países desenvolvidos e no Brasil e as dificuldades locais em alinhar as ambições de aprendizagem para a população brasileira com as das nações desenvolvidas: a idade e o método certos para alfabetizar com eficácia (sessão 2.6.1) e a relação do Pisa com o indicador mais famoso da educação brasileira: o Ideb (sessão 2.6.2).

O capítulo apresenta ainda um relato de como o desafio de alfabetizar todos os alunos a partir dos 6 anos foi abordado no município (quando ainda não tinha sido criado por lei o ensino fundamental de 9 anos), tomando como base as orientações técnicas de um estudioso do tema, o professor Edgar Linhares, que, como já apresentado, chegou e permaneceu em Sobral por obra do acaso, porque ninguém ali, até o momento do início das reformas, tinha ao certo identificado como alfabetizar de forma efetiva crianças no início da escolarização. Não se sabia realmente o que estava buscando, mas como os resultados eram (e são) monitorados muito de perto, as correções e aprofundamentos puderam ser feitos em tempo real. Como já foi dito, essa sistemática de alfabetização, conjugada com o monitoramento de sua eficácia para todos os alunos da rede, que têm sua fluência leitora testada duas vezes por ano até que se tenha certeza de que o nível esperado para a idade foi alcançado, são o maior "segredo" de Sobral.

O presente trabalho procurou apenas complementar com informações novas dois documentos públicos que o precederam: o relatório do Inep "Vencendo o desafio da aprendizagem nas séries iniciais: a experiência de Sobral", de 2005, e o "Relatório final do Comitê Cearense para a Eliminação do Analfabetismo Escolar: educação de qualidade, começando pelo começo", de 2006. O documento curricular de Língua Portuguesa de Sobral, publicado em seu site em dezembro de 2016, forma, com esses demais citados, um bom ponto de partida para investigações sobre processos de alfabetização em contexto de pobreza. Com as referências, informações e dados apresentados no Capítulo 2, cumpriu-se o objetivo de apresentar e justificar esse componente importantíssimo das reformas de Sobral, deixando o caminho aberto para avaliações adicionais sobre o tema, que até aqui não tem sido tratado como essencial para explicar o caso.

O Capítulo 3 retoma os primórdios das pesquisas, dos achados e das recomendações sobre escolas eficazes – as instituições de ensino que conseguem fazer alunos de diferentes origens sociais aprender em níveis iguais ou muito próximos entre si – que, adotados como fundamento dos desenhos de políticas educacionais em países/territórios tão díspares entre si como Ontário, Cuba e Portugal, produzem os mesmos resultados: mais excelência acadêmica, com maior equidade. As referências selecionadas no Capítulo mostraram que os achados são longevos, sistemáticos e carregados de bom senso e lógica, além de vir sendo aprimorados ao longo do tempo, pelas críticas e testes de resistência pelos quais passaram. Esse histórico explica a sua disseminação e aceitação pelo mundo, mas não as resistências aqui no Brasil. Essas podem ser esclarecidas tanto pela elucidação de certa confusão de conceitos supostamente relacionados ao que se poderia chamar de uma "tradição" de eficácia escolar, quanto pela forma um tanto autoritária e pouco transparente que parece ter sido adotada na implementação do programa que levou os conceitos e práticas de eficácia escolar até Sobral, o Programa Escola Campeã do Instituto Ayrton Senna, nome adotado pela instituição quando recebeu os direitos de utilização do Programa Educar para vencer, elaborado pelo Banco Mundial e pelo estado da Bahia para ser utilizado naquele estado. Algumas dezenas de outros municípios brasileiros nos quais esse programa foi implementado, inclusive os originais do estado da Bahia, não aparecem no cenário estadual ou nacional com o mesmo destaque que Sobral, descobrir o porquê também seria um exercício acadêmico interessante e complementar a este.

A questão sobre a capacidade de um sistema educacional alcançar a excelência e também a equidade a partir das "receitas" de eficácia escolar parece estar mais relacionada à forma de implementá-las, que pode estar situada em qualquer ponto ideológico e institucional entre dois polos opostos: os conduzidos por autoridades do tipo homo sociologicus (dos exemplos apresentados no Capítulo 3) e os conduzidos por outra espécie de autoridade educacional, o homo economicus (OCDE, 2011), como Estados Unidos e Inglaterra, de onde vêm histórias famosas de maior resistência e tensões entre autoridades educacionais e equipes escolares.

O tema é particularmente bem explorado pelo livro de Brooke e Soares (2008) – *Pesquisa em eficácia escolar: origens e trajetórias* –, mas foi essencial, para sua compreensão mais profunda, ler os textos originais com atenção, compreendendo seu contexto de produção, as referências bibliográficas de cada um e a evolução dos conceitos e práticas propostos. É um conjunto de produções acadêmicas que representa uma carga de esperança na capacidade institucional que as escolas (quando eficazes) têm de fazer todos se desenvolverem em torno do objetivo comum: o aprendizado dos alunos. Nesse tipo de escola, professores, alunos e lideranças pedagógicas compõem uma organização social em permanente desenvolvimento de sua capacidade pedagógica, a partir da crença inabalável de que todas as crianças podem aprender e de que é responsabilidade de cada professor, coordenador pedagógico e diretor descobrir como, desde que as condições muito básicas de ensino e aprendizagem (como as de Sobral) estejam disponíveis. Esse processo, assim como o credo "Aprendizado para todos", é muito bem explicitado por Lezotte (1991; 1996), um autor seminal do tema, francamente recomendado como fonte de inspiração para a Província de Ontário, por exemplo.

E, finalmente, o resumo do Capítulo 4, no qual se procura identificar e explicar os condicionantes políticos que permitiram ao município de Sobral, ao estado do Ceará e a um grupo particular de municípios, avançar com a alfabetização e com a institucionalização de princípios de escolas eficazes de forma destacada em relação ao restante do Brasil. O Capítulo retoma a famosa matriz de Wilson ([1994] 2008) que tipifica e contrapõe modelos de política pública, de acordo com a distribuição de custos e benefícios para grupos organizados ou não na sociedade. A matriz é complementada pelas observações de Corrales, que a aplica para as disputas do setor de educação. Essa formulação indica a necessidades de se contar com empreendedores de política pública, por sua vez, identificados e descritos por Kingdon como afiançadores de reformas do tipo benefícios compartilhados e custos concentrados, como são as reformas do tipo qualidade. Essas, por exigirem uma performance monitorada de professores, editoras e de autoridades educacionais em geral, são muito mais difíceis de serem implementadas do que as do tipo acesso, que distribuem recursos mais fartamente entre os grupos organizados, sob a forma de aumento de postos de trabalho, obras e outros insumos, sem que a qualidade lhes seja cobrada.

Apresenta-se o exemplo empírico do Plano Nacional de Educação como ilustração da atuação das forças organizadas na sociedade brasileira, que conseguiram aumentar substancialmente o compromisso do país com aumento de gastos para a educação, sem que os parâmetros de qualidade tivessem sido alinhados com aspirações mais ambiciosas. Os empreendedores de política pública do tipo qualidade de Sobral são, então, identificados, e mais um teste empírico é feito, comparando os municípios que receberam o "tratamento" da vertente escola eficaz (ter participado do Programa Escola Campeã, que levou o manual e as orientações sobre eficácia escolar para Sobral, Iguatu e Juazeiro do Norte), mas que não contavam com o mesmo tipo de liderança (não se sabe se também não contavam com métodos de alfabetização estruturados conforme consenso internacional). Reforça-se o papel de empreendedores de políticas educacionais de qualidade como determinante ainda maior no contexto do coronelismo descrito por Leal, típico (mesmo que não exclusivo) do nordeste brasileiro, onde praticamente todos os elementos conspiram contra os direitos à educação (ao aprendizado efetivo, emancipador) dos alunos, particularmente, os mais vulneráveis. Por causa desse ambiente francamente inóspito ao aprendizado, outros dois elementos de politics são importantes para fazer com que reformas do tipo qualidade se sustentem no tempo: as coalizões políticas e um sistema de crenças. O teste empírico sobre esses aspectos mostrou que os municípios cearenses que, com maior frequência, seguiram as coalizões mais próximas dos empreendedores de política de Sobral alcançaram melhores resultados e promoveram mais os mecanismos de eficácia escolar que os demais.

Essa é outra frente de investigação que a presente pesquisa sugere que seja mais disseminada: compreender melhor não apenas a adoção de componentes de eficácia escolar em municípios e estados brasileiros, mas as crenças institucionalizadas das quais eles dependem para vicejarem. Outra investigação interessante seria compreender por que outros dois municípios cearenses, Juazeiro do Norte e Iguatu, também expostos ao mesmo programa de eficácia escolar que Sobral (o Programa Escola Campeã), não os implementaram da mesma forma, ou por que outros tantos, de um grupo que parece ter as mesmas crenças que as autoridades educacionais de Sobral, parece tê-lo feito, mesmo sem ter sido exposto ao Programa, pelo menos de maneira institucional, pelas mãos do Instituto Ayrton Senna.

Para finalizar a descrição dos capítulos de análise e antes de desenvolver o capítulo que apresenta as conclusões, apresento um quadro que resume os componentes de uma "máquina" de gestão educacional com foco na eficácia. A ilustração a seguir é um quadro resumo elaborado por mim, assim que conheci Sobral, para colocar as ideias em ordem. Embora não reflita o organograma formal de sua Secretaria, pode ser considerada uma fotografia da máquina eficiente e eficaz que faz girar a gestão dos direitos à educação para os habitantes do município. As escolas de Sobral alfabetizam os seus alunos, mas a merenda também é deliciosa e servida com conforto e ordenação, os alunos usam uniformes bonitos e recebem agendas, material e mochilas, o transporte escolar funciona, há na escola um centro de línguas estrangeiras, planetário, somados a uma série de outros aparelhos de estado que se, obviamente, não fazem de Sobral um lugar perfeito e livre de contradições sociais e econômicas, podem tirar da zona de conforto quem ainda não se dispôs ou não conseguiu alcançar resultados nem próximos com os mesmos (e, às vezes, até com mais) recursos materiais próprios ou oriundos de programas de indução técnica do Governo Federal e do regime de colaboração nos estados. O esquema mostra um resumo dos componentes de uma rede de proteção ao direito universal à educação, que, em Sobral, é percebido como o direito a aprender um determinado conjunto de parâmetros muito bem definidos.

A Teoria da Relatividade de Einstein, foi comprovada em Sobral, por meio de fotos de um eclipse, daí a relevância de um planetário no meio do sertão[5].

8.3 CONTRIBUIÇÃO DESTE TRABALHO PARA O TEMA

Este trabalho identificou três componentes como sendo a explicação do caso de Sobral e argumenta que esses são interdependentes – a tríade policy, polity e politics. Esta seria a maior contribuição para quem analisa políticas

---

[5] Disponível em: https://www.correio24horas.com.br/noticia/nid/como-sobral-noceara-foi-tividade-de-einstein/. Acesso em: 22 set. 2017.

educacionais: a identificação de elementos já testados em outros contextos, que em conjunto teriam potencial para pautar replicações futuras do caso de Sobral também em outros contextos. Para quem é da área da educação e conhece melhor as intervenções pedagógicas, o trabalho traz um lembrete acadêmico para a importância de se analisar contextos educacionais com as lentes da gestão eficaz, conjunto de análises que já foi, em alguma medida, incorporado ao sistema educacional brasileiro – ao menos no Saeb – não apenas por meio das provas, mas pelos questionários que permitem investigar algumas das práticas de eficácia escolar pelas respostas de diretores e professores aos questionários contextuais. Outra nota importante é que o processo de alfabetização importa. Quando está plenamente resolvido e os alunos conseguem ler com compreensão autonomamente, passa a ser quase um detalhe no processo cumulativo da educação escolar, mas quando não, põe a perder todos os esforços subsequentes. É uma área na qual trabalhos acadêmicos podem dar contribuições relevantes, uma vez que a questão precisa ser resolvida no Brasil o quanto antes, porque o que as avaliações revelam sobre o desempenho dos alunos nesse aspecto é simplesmente imoral.

A importância de se levar em conta a questão moral, a crença de que determinados problemas sociais podem ser efetivamente resolvidos a partir do estado, tanto como forma de se constituir coalizões políticas duradouras quanto como peça essencial para formar uma cultura organizacional de compromisso de servidores públicos com a resolução de problemas sociais, seria a ponte a ser feita para a área das Ciências Políticas. Talvez seja uma questão que não faz parte da tríade policy, polity e politics, ou antes, pelo contrário, seja algo papável a fazer parte de estratégias de implementação de políticas e que devessem estar em seu desenho (policy). São pontos que não foram aprofundados na presente análise, mas que não deixam de ser fundamentais para o sucesso das políticas públicas como promotoras de direitos humanos e de bem-estar social.

Para ambos os setores (Educação e Ciências Políticas) é preciso reforçar que o elemento policy é fundamental. O desenho da política, da solução para um determinado problema – voltando à metáfora da disciplina, o remédio certo para uma patologia que, em primeiro lugar, precisa ser competentemente diagnosticada – é essencial. No setor de educação, mais do que em outras áreas altamente técnicas, como saúde e transporte, por exemplo, há muitas "modas", "palpites", influenciadores que vendem todo tipo de solução que guardam pouca ou nenhuma relação com o problema. Educação é também um campo fértil para a atuação populista, porque nas escolas pode ser distribuído todo tipo de recursos que, apesar de potencialmente trazerem dividendos políticos para quem os distribui, não materializam o direito à educação, que, como foi argumentado no Capítulo 2, depende de os alunos aprenderem segundo parâmetros claros. Trabalhar em cima de evidências e formulações técnicas é essencial. Uma afirmação óbvia, mas que ainda precisa ocupar o devido espaço na tomada de decisões dos gestores de educação.

Para resumir, o presente trabalho identificou uma somatória, inicialmente aleatória e improvável, de ingredientes raros per se e ainda mais raros de ocorrerem em conjunção no ambiente das políticas educacionais brasileiras, que criou as condições que possibilitaram à rede de ensino do município de Sobral administrar, sustentar no tempo e incrementar não apenas uma ruptura de política educacional crucial para o sucesso escolar (alfabetizar todos os alunos no início da escolarização), mas também voltar a aspirar uma nova quebra de paradigma de política educacional, desta vez ainda mais audaciosa (introduzir um currículo novo com objetivos educacionais alinhados com os de países desenvolvidos). São eles que podem constituir linhas de investigação, tanto para os acadêmicos da área de Educação quanto para de Ciências Políticas, ou para quem, como eu, deseje conhecer o campo, usando as ferramentas das duas:

1. a presença de empreendedores de políticas públicas que alcançaram o poder municipal e que defendiam os interesses dos alunos acima dos interesses daqueles que usualmente levavam vantagem nas disputas pela qualidade da educação, uma dinâmica presente em todo o Brasil, mas que, localmente, era reforçada por uma lógica coronelista de operação de serviços públicos de educação;

1.1 a estruturação de uma coalizão política longeva que compartilhava um forte sistema de crenças morais na educação como justiça social e na capacidade de aprender dos alunos e que garantiu a disponibilidade contínua desse tipo de empreendedor de política pública dentro do próprio governo, tanto em nível local como no central (do estado), o que, além de expandir o modelo para outros municípios por meio de um efetivo regime de colaboração, fortaleceu a sustentabilidade do desenho da política educacional localmente;

2. a disponibilidade de desenhos estruturados de políticas públicas adequadas à solução dos problemas (ou seja, desenhos com detalhes suficientes para orientar sua implementação e que também aborda-

vam, com competência técnica, em primeiríssimo lugar, o problema do analfabetismo escolar, e em segundo, os desafios de gestão escolar e pedagógica eficaz inerentes a qualquer ente federado):

2.1 um processo de alfabetização contemplando as etapas consensuadas internacionalmente e

3.2 as orientações específicas sobre eficácia escolar.

Esses componentes resultaram em:

4. a estruturação de capacidade instalada, que explica o sucesso de Sobral, replicados no Ceará da seguinte forma:

3.1 a formação de capital humano alfabetizador na rede de ensino, incluindo a produção de material didático localmente, e posteriormente substituídos por coleções de editoras comerciais, como Aprender e Alfa e Beto, utilizadas para o processo de alfabetização da educação infantil ao 2.º ano.

3.2 a provisão das condições propícias ao ensino e à aprendizagem relacionadas à eficácia escolar e

3.3 o reforço moral desse capital humano para que, no dia a dia escolar, todos os agentes trabalhassem na mesma direção: o aprendizado dos alunos.

Resumindo, o comando político local, reforçado centralmente, construiu tanto os processos objetivos (de alfabetização, de gestão administrativa e pedagógica, de incentivos institucionais e de monitoramento) quanto uma cultura organizacional baseada no sucesso escolar de cada aluno, com força suficiente para romper com a cultura anterior, ainda hegemônica no Brasil, de fracasso escolar, particularmente dos alunos mais pobres e vulneráveis, cultivados particularmente pela lógica coronelista e patrimonialista nos vários níveis de estado. Essa é a síntese da insólita fórmula sobralense.

8.3.1 A especulação sobre os achados: "é possível 'sobralizar' a educação brasileira?"

A pergunta que abre esta sessão era para ser uma autoprovocação, que ajudasse a vislumbrar uma utilidade concreta ao presente esforço acadêmico. Depois de respondida a pergunta "quais são os segredos de

Sobral?", invariavelmente, vem a próxima, mesmo que em versões variadas: é possível repetir a experiência de Sobral em alguns, na maioria ou em todos os municípios, estados e até no Governo Federal no Brasil? Ou, utilizando uma linguagem metafórica: "É possível 'sobralizar' a educação brasileira?" Os dados do presente trabalho mostram que talvez a pergunta devesse ser: "É possível 'cearalizar' a educação brasileira?" Porque, pelo menos para a etapa de alfabetização, a disseminação da experiência exitosa de Sobral já foi feita pelo Comitê Cearense para a Eliminação do Analfabetismo Escolar (Cceae), ponto de partida do Programa Alfabetização na Idade Certa (Paic) e seus desdobramentos para as demais etapas escolares implementadas pelo estado desde então. Essas ações já foram suficientes para destacar o conjunto dos municípios do estado do Ceará no cenário brasileiro, conforme mostrado nos capítulos prévios.

Por dedução, é possível afirmar que pelo menos alguns dos componentes da tríade devem estar presentes nessas localidades e que é possível induzi-los a partir de ações de um nível superior de governo. Portanto, o exercício de se especular sobre a hipótese de replicação do sucesso dos alunos de Sobral em outros contextos – particularmente fora do estado do Ceará, onde o efeito "sobralizador" já está sendo sentido – deve levar em conta a probabilidade de ocorrência simultânea dos fatores identificados no presente trabalho. Ou seja, será necessário elucubrar sobre a chance (o que inclui tentar inferir causas ou condições propícias/adversas) de ocorrência sistemática da tríade policy, polity e politics com componentes similares aos que foram identificados em Sobral.

Conforme apresentado no Capítulo 4 e na tese de Asuca (2015), a tríade foi disseminada no estado inicialmente por meio da mobilização política em torno da delimitação do problema do analfabetismo escolar conduzida por meio do CCEAE (Relatório final, 2006), seguida da implementação de um programa permanente de regime de colaboração na educação – as várias etapas do Paic –, o qual tem como estratégia induzir nos demais municípios, de maneira planejada, sistemática e intencional, por meio de um amplo e complexo conjunto de ações e políticas, as condições que foram estabelecidas em Sobral no início dos anos 2000 pelo esforço de suas autoridades, equipes técnicas e escolares de forma menos planejada – com algumas doses de acaso, tentativa e erro –, mas não menos intencional. Isso fez com que a trajetória educacional dos municípios do Ceará já se descolasse daquela do restante do Brasil, quando controlada pelo NSE dos alunos.

Como nem todos eles já chegaram ao mesmo patamar que Sobral, principalmente os de porte populacional similar, é preciso identificar o que lhes faltou: tempo para que as reformas fizessem o mesmo efeito? Lideranças locais para fomentar a crença de que todos os alunos podem e devem aprender de acordo com certos parâmetros de fluência até o 1.º ano ou 2.º do ensino fundamental? Gestão eficaz ou processos pedagógicos de alfabetização alinhados com o consenso internacional?

Para as lideranças (politics) que desejarem repetir a experiência, as melhores referências sistemáticas sobre policy e polity não são apenas Sobral, mas o Ceará. Reforçando, existindo o componente politics, os demais, policy e polity, precisam ser estruturados a partir do que já foi feito ali. O que já foi tentado, sem o mesmo sucesso, com o Pacto Nacional pela Alfabetização na Idade Certa (Pnaic), no qual havia o politics, mas não houve, principalmente, o policy.

As respostas às perguntas anteriores, pelo menos do ponto de vista do governo do Ceará, que ainda não conseguiu que todos os municípios, que funcionam de maneira independente em relação à tríade, mesmo que o estado esteja ativamente tentando induzi-la, estão listadas no relatório "Regime de colaboração para a garantia do direito à aprendizagem: o Programa Alfabetização na Idade Certa (PAIC) no Ceará" (CEARÁ, 2012), que apresenta um detalhado relato sobre o Programa e aponta seus principais desafios a serem vencidos (CEARÁ, 2012, p. 22-25, cap. 4 e 5).

Ali estão desafios de politics – no sentido de aumentar a mobilização em torno do reconhecimento da importância de se resolver, logo no início da escolarização, o problema do analfabetismo, ao mesmo tempo que é preciso diminuir o custo político para fazê-lo, por exemplo, conquistando apoio de sindicatos e acadêmicos –; de polity, por meio da institucionalização de gestão do tipo eficaz e policy (como, por exemplo, "articular estudos e reflexões sobre a possibilidade de incorporação de materiais estruturados no Programa Nacional do Livro Didático PNLD").

O caso de Sobral e mesmo o do Ceará carregam em si pontos positivos em relação à possibilidade de replicação: poucos municípios contam hoje com recursos humanos e materiais mais escassos e de pior qualidade do que os vigentes no município à época da primeira ou da segunda onda de reformas educacionais (respectivamente, as do tipo acesso e as do tipo qualidade). Para a maior parte dos municípios brasileiros, as reformas de acesso estão, em grande medida, contempladas por condições gerais objetivas: o nível de qualificação formal dos docentes; a presença da demanda por educação de qualidade – mesmo que difusa –; a institucionalização do Fundeb; o piso salarial docente; estão em condições muito melhores do que as que foram superadas pelos gestores de Sobral entre 1997 e 2004.

A questão reside no enfrentamento das reformas do tipo qualidade – ainda é necessário contar com lideranças e mecanismos que propaguem informações objetivas sobre o que significa qualidade e eficácia escolar. Mesmo que agora o país conte com uma Base Curricular Nacional que estabeleça algumas expectativas de forma mais objetiva, ainda é preciso alterar a percepção sobre distribuição de custos e benefícios de políticas educacionais do tipo qualidade, por meio de um sistema de crenças que se contraponha à naturalização do fracasso escolar dos mais vulneráveis e pela compreensão realista de quais são os efetivos elementos que contribuem para fazer os alunos aprenderem mais. Os exemplos das dificuldades recentes em estabelecer parâmetros de qualidade e de alfabetização em duas normativas potencialmente poderosas para contribuir com o elemento policy – a BNCC e o PNE, cujas principais falhas nesse sentido foram apresentadas nas sessões 2.6.1 e 4.3 – mostram o quanto a sociedade brasileira e, principalmente, os alunos mais pobres estão à mercê de grupos organizados que a ele se opõem.

Dessa forma, é importante substituir o foco dos benefícios concentrados, originados na distribuição de recursos para abrir escolas, expandir matrículas e empregar cada vez mais profissionais da área – o que certamente agrada a maioria e os grupos organizados – pelo foco nos benefícios compartilhados de se exigir maior eficácia e eficiência de um sistema educacional que faça os alunos aprenderem muito mais do que conseguem hoje –, o que pode desagradar uma minoria com poder de veto/mobilização contrária. Além disso, mesmo os usuários do sistema educacional podem resistir a providências relativamente simples como a coerção a faltas e atrasos (como aconteceu em Sobral na introdução da nova política), à valorização do tempo de instrução pelo combate sistemático a distrações e interrupções, e à exigência de empenho acadêmico tanto dos sistemas quanto dos indivíduos. Há, além disso, encaminhamentos populistas a tentar os gestores em outras direções. A lógica da escola eficaz não parece ser a mais palatável no cenário brasileiro, o que a faz dependente de empreendedores desse tipo de política pública.

Entretanto, existem dois componentes a favor da replicação do modelo de Sobral em outros contextos: a) operar um sistema eficiente e eficaz como o de Sobral não custa mais caro que operar sistemas incompetentes

– há muito que se melhorar na gestão dos recursos já mobilizados – e, b) embora ainda haja necessidade de universalizar a cobertura no sentido da matrícula, frequência e conclusão das etapas obrigatórias, a diminuição prevista para as coortes em idade escolar traz alívio na pressão por acesso nos próximos anos. Deveria ser, portanto, politicamente menos custoso concentrar esforços na qualidade.

Por outro lado, a lógica da reforma educacional de qualidade pressupõe profissionalização da docência e de sua formação inicial, avaliação de desempenho em todas as etapas de vida profissional dos docentes e afins, condições de ensino adequadas (foco no funcionamento sustentável e adequado das escolas e não na sua construção/inauguração) e decisões técnicas baseadas em evidências, não em ideologia ou em interesses corporativos. Há vários grupos que podem ser afetados por essa mudança de foco (ou seja, os cost bearers por diminuição de recursos e/ou de prestígio ou poder), cada um deles conta com poder de veto (formal ou informal) ou, minimamente, com poder para aumentar o custo político da introdução de cada componente de qualidade listado acima. Estão incluídos nesse grupo de cost bearers da política educacional de qualidade: sindicatos docentes, escolas de formação docente, incluindo as de pós-graduação, que produzem pesquisa educacional, autores e editores de livros técnicos e didáticos desatualizados, construtores de escolas, investidores de escolas privadas de baixo custo (que competem diretamente com escolas públicas), provedores de material educacional de baixa qualidade, ONGs que gravitam em torno da má qualidade e empregadores de mão de obra de baixa qualificação. Do outro lado, estão os beneficiários da política de qualidade: as famílias e os alunos de baixa renda e de baixo poder de mobilização e barganha.

O desafio político está dado e é sempre bom deixar claro que ele é complexo. A citação do relatório da OCDE na sessão 4.8 (OECD, 2011, p. 14) define como sendo de alto desempenho os países/territórios que conseguem atingir, ao mesmo tempo, altos índices de cobertura, qualidade, equidade e eficiência. Para o nível de análise do Pisa (que mede a capacidade de cada país/território participante garantir aprendizado de alto nível para a coorte que deveria estar concluindo a educação obrigatória), isso significa

> [...] ter praticamente todos os alunos matriculados no ensino médio na idade apropriada; alcançar alta performance média no Pisa; sendo que o seu quartil de melhor desempenho (que indica o domínio de habilidades complexas e de alta ordem), precisa estar emparelhado com o quartil equivalente

dos países de desempenho mais alto; a relação entre NSE e performance é débil; e seus gastos não estão no topo do ranking. (OECD, 2011, p. 14, tradução nossa).

No Brasil, para o nível da alfabetização e da primeira etapa da educação básica, Sobral se enquadra em alguns desses quesitos e o Ceará segue a mesma direção. Entretanto, como já ilustrado no Capítulo 4, não há tanta disposição política generalizada para abordar questões de qualidade, equidade e eficiência. No máximo, ainda se aposta nos desafios de cobertura. Por causa dessa percepção, o Plano Nacional de Educação de 2014 a 2024 se compara muito mal com a definição de alto desempenho educacional acima – nem de longe o PNE previu fazer do Brasil um país de alta performance educacional –, mas houve um esforço para emparelhar os gastos educacionais com os de países desenvolvidos. Retomando o raciocínio do Capítulo 4, o PNE prevê: a) em relação à cobertura líquida do ensino médio, matricular 85% dos alunos de 15-17 na etapa (meta 3); b) para o desempenho no Pisa, o objetivo é chegar ao nível 2, sem referências à distribuição das notas e sem levar em conta que a média dos países da OCDE localiza-se no nível 3 (estratégia 7.11); c) não há menção à equidade de desempenho, o nível socioeconômico é mencionado apenas para flexibilizar o Ideb (estratégia 7.10) e não para qualificá-lo em relação ao atendimento aos mais pobres e d) quanto à eficiência, a grande conquista foi aumentar para 10% do PIB os gastos públicos em educação pública (meta 20).

A reprodução das conquistas educacionais de Sobral, onde alunos de baixa renda aprendem a ler e a escrever logo no início de sua escolarização e seguem aprendendo a ponto de bater no teto dos indicadores educacionais brasileiros para o 5.º ano e com destaque para o 9.º, depende de, em cada contexto (municipal ou estadual e, preferencialmente, nacional), o conjunto da comunidade do entorno de cada rede, município, estado ou nação (e não apenas os diretamente interessados – autoridades e equipes técnicas) lograr:

1. Pacificar – a questão do reconhecimento das categorias de processos pedagógicos necessários à aquisição da leitura, compreensão e fluência desde o 1.º ano do ensino fundamental. Isso não é, em absoluto, equivalente a padronizar métodos ou materiais de ensino, mas incorporar, no dia a dia das escolas, desde a educação infantil e de maneira progressiva, todos os tipos de mobilização cognitiva envolvidos no processo de alfabetização: domínio do

código alfabético, consciência fonêmica, decodificação, fluência e compreensão leitora com crescente complexidade textual e aquisição sistemática de vocabulário. Além disso, unificar, mais do que as expectativas, mas a crença inabalável de que todas as crianças têm a capacidade e o direito de dominar essas competências logo no início da sua escolarização, se guiadas por seus professores;

2. Cultivar – uma cultura de valorização do esforço acadêmico, da escola pública e de seus docentes, baseada na profissionalização de todos os envolvidos nos processos centrais e periféricos das atividades escolares, eliminando o paternalismo, o populismo e o clientelismo nas relações da sociedade brasileira com os docentes e demais profissionais da educação, por meio de processos de seleção, manutenção e avanço na carreira que envolvam o reconhecimento do mérito, da capacitação técnica, do uso de evidências para a tomada de decisão, do espírito de colaboração entre docentes, alunos, famílias e autoridades, e do compromisso moral permanente com os interesses dos alunos, definindo claramente quais sejam eles, em termos de aprendizagem;

3. Reconhecer – o monitoramento estruturado, permanente e objetivo dos processos educacionais como condição sine qua non para que nenhum aluno seja (deliberadamente ou não) deixado para trás, de forma a eliminar a cultura de fracasso escolar da história educacional brasileira de uma vez por todas.

8.4 RECOMENDAÇÕES FINAIS

Com tudo o que foi estudado e evidenciado pelo presente estudo, as recomendações para que o caso de Sobral passe de exceção para regra são reproduzir, em escala nacional, os elementos apontados como essenciais ao caso estudado: lideranças políticas que se comprometam com o interesse dos alunos acima de interesses que normalmente se contrapõem aos deles, a implementação de gestão de redes e de escolas utilizando os princípios de eficácia escolar – não vamos nos esquecer de que são práticas baseadas no princípio moral de que todos os alunos aprendem, apesar das diferenças de origem socioeconômica – e garantir a alfabetização eficaz logo no início da escolarização. Uma vez aprendendo a ler, os alunos devem ser desafiados a desenvolver competências e habilidades cada vez mais complexas, que lhes permitam uma trajetória acadêmica alinhada com seus pares em países desenvolvidos. Nem o Plano Nacional de Educação, nem a Base Nacional Comum Curricular estabelecem parâmetros claros e ambiciosos nesse sentido. A recomendação então é que os parâmetros educacionais dos países desenvolvidos sejam mais bem estudados e compreendidas, de forma que possam ser adotados em larga escala no Brasil, como já está fazendo Sobral.

Alguns documentos existentes, pouco ou nada conhecidos em âmbito nacional, para além das referências curriculares internacionais já recomendadas, podem ajudar os diversos grupos de interessados a montar planos de ação que contribuam para recriar, em novos contextos, as condições que permitiram aos alunos de Sobral exercer seu direto à educação.

O relatório final do Grupo de Trabalho Alfabetização Infantil: os novos caminhos, da Câmara dos Deputados ([2003] 2007), apresentado na sessão 2.6.1, indica:

> Quaisquer políticas de alfabetização só se sustentam se e quando o Brasil criar um sistema educacional capaz de corrigir a si mesmo de forma a assegurar a efetiva aprendizagem dos alunos. (BRASIL, Congresso Nacional, [2003] 2007, p. 160).

Esse relatório, publicado pela primeira vez em 2003, que poderia ter tido impacto político e técnico equivalente ao do Comitê Cearense para a Eliminação do Analfabetismo Escolar de 2004-2005 no Ceará – que resultou na criação do Paic –, também apresentado na sessão 2.6.1 e em vários pontos do Capítulo 4, foi ignorado, apesar do apelo final de seus autores pela pacificação do processo de alfabetização:

> Como membros da comunidade científica internacional e como educadores, os autores se sentiriam enormemente recompensados se as autoridades brasileiras responsáveis pela educação e pela promoção dos interesses da criança, os organismos internacionais sediados no Brasil, as instituições governamentais comprometidas com a melhoria das condições de vida e educação das crianças, a comunidade acadêmica e a imprensa, de modo especial, se dispusessem a discutir, de maneira democrática, objetiva e produtiva, as informações, análises e recomendações apresentadas no relatório. A Câmara dos Deputados deu o primeiro passo. **As crianças brasileiras merecem pelo menos esse mínimo de consideração.** (BRASIL, Congresso Nacional, [2003] 2007, p. 164, grifo nosso).

Assim, vale a pena retomar as principais recomendações de dois dos relatórios citados no trabalho, porque elas explicitam o que uma liderança educacional deveria enfrentar, caso optasse pelo mesmo caminho. As listas a seguir revelam a complexidade e a multiplicidade de fatores e processos a serem abordados.

A principal contraposição para invalidar as conclusões do presente trabalho é descobrir alguém que se disponha a "por o guizo no gato", ou seja, descobrir empreendedores de política pública conforme descrito por Kingdon ([1998] 2011), dispostos a queimar capital político para implementar reformas educacionais sistêmicas para favorecer alunos mais pobres.

Desafio que finaliza uma fábula de Esopo, na qual um grupo de ratinhos, ameaçados por um gatão assustador, têm uma brilhante ideia: colocar um sininho em seu pescoço para que saibam por onde ele anda e se esconderem de acordo. Brilhante ideia, que depende de alguém com coragem suficiente para implementá-la, exatamente o contexto da alfabetização de pobres no Brasil.

As recomendações são apresentadas por ordem de publicação e foram selecionadas porque são complementares entre si. É possível para um gestor municipal, por exemplo, montar um plano de trabalho a partir delas, apesar de ter que detalhá-las muito na hora de implementar. O Capítulo 3 do presente trabalho é particularmente útil nesse sentido. Outra forma de se completar as informações a seguir apresentadas para montar uma estratégia de gestão é estudar a fundo os novos currículos de Sobral e dos seguintes países: Portugal, Reino Unido, Finlândia (o antigo), Hong Kong e o de Ontário, no Canadá, e seus complementos de orientação pedagógica. Também é possível a escolas independentes e entidades sem fins lucrativos que trabalham com escolas públicas montarem planos de ação a partir das informações desta sessão, principalmente, e do restante do trabalho, como fonte de referência. Para governos de estados ou federal, fundações e escolas de formação docente, públicas e privadas, as indicações são as mesmas.

O que está descrito a seguir demanda certo exercício de altruísmo – uma visão de mundo do tipo Polis – ou a disposição para queimar capital político necessário para pôr os guizos elencados a seguir nos lugares que lhe cabem.

CAPÍTULO IX

FAZENDO A EDUCAÇÃO DAR CERTO

9.1 O SUCESSO DE SOBRAL/CEARÁ NAS REFORMAS EDUCACIONAIS PARA A ALFABETIZAÇÃO UNIVERSAL

Esta nota foi elaborada por David K. Evans e André Loureiro com base, principalmente, nos estudos *O Ceará é um modelo de redução da pobreza de aprendizagem* (LOUREIRO; CRUZ; LAUTHARTE; EVANS, 2020) e *Alcançando um Nível de Educação de Excelência em Condições Socio econômicas Adversas: o Caso de Sobral* (CRUZ; LOUREIRO, 2020), que são resultados de uma colaboração entre a Unidade de Educação do Banco Mundial para a América Latina e Caribe do Banco e a Unidade Global de Educação do Banco Mundial para analisar, entender e disseminar modelos de reforma educacionais bem-sucedidas. Todo o material não referenciado é desses relatórios. Para saber mais leia os estudos.

Educação de qualidade é um requisito fundamental para a prosperidade de qualquer sociedade. Ela reduz a pobreza e acelera o crescimento econômico; aumenta a mobilidade e a coesão sociais; melhora a saúde; e cria cidadãos mais conscientes.[1] Poucos discordariam disso; no entanto, governos de todo o mundo enfrentam dificuldades para oferecer educação de qualidade. Os estudantes da maioria dos países da América Latina, África e Sul da Ásia ficam muito atrás de seus colegas de países mais ricos, e muitos não conseguem dominar nem mesmo as habilidades mais básicas ao final dos anos iniciais do ensino fundamental.[2] O Brasil não é diferente: em uma avaliação internacional de aprendizado realizada em 2018, o Brasil ficou na 59.ª posição entre 79 países nos exames de leitura. Em matemática, ficou entre os dez últimos (Figura 1).[3]

Figura1: O Brasil está para trás em avaliações internacionais de aprendizagem

Leitura Matemática

Posição do Brasil comparada a outros países no Programa Internacional de Avaliação de Aprendizagem de 2018

Figura 2: O estado do Ceará e o seu município com melhor desempenho, Sobral, alcançaram grandes ganhos de aprendizagem

Ceará Sobral

Posição em relação a outros estados e municípios no Brasil em termos do índice de Desenvolvimento da Educação Básica no Ensino Fundamental

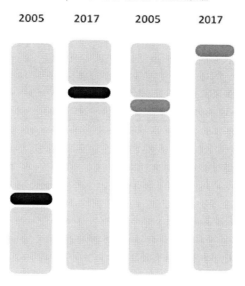

O Ceará, um estado brasileiro relativamente pobre, obteve, em pouco mais de uma década, ganhos impressionantes na qualidade da educação que oferece a seus alunos. Esse resultado foi alcançado com muito foco em melhorar antes de tudo as habilidades básicas: alfabetização e numeracia para todos os estudantes. É fácil observar alguns dos melhores desempenhos globais em educação – países como Singapura, Finlândia, Canadá e Coreia do Sul – e sugerir que países de renda baixa e média se espelhem nesses sistemas. Todavia, aqueles são países ricos, e muitos apresentam elevado desempenho educacional há décadas. Que tipo de reformas um país com menos recursos deveria realizar para chegar lá o mais rápido possível? Em 2005, o Ceará – um estado brasileiro do tamanho de nações como a Áustria ou a Papua Nova Guiné – estava abaixo da média nacional em termos do Índice de Desenvolvimento da Educação Básica (Ideb) no ensino fundamental, que leva em consideração os resultados de avaliações de aprendizagem em português e matemática e a taxa de aprovação escolar. Já em 2017, atingiu o quarto lugar na avaliação do 9.º ano e a sexta posição na avaliação do 5.º ano. O Ceará não é um local privilegiado: permanece entre os estados mais pobres do Brasil. Portanto, se ajustarmos seus resultados combinados de leitura e matemática ao seu nível de desenvolvimento socioeconômico, o estado é o mais bem avaliado do país, tanto no 5.º quanto no 9.º ano. Graças à liderança política comprometida e aliada a um conjunto de reformas educacionais implementadas ao longo de mais de uma década, o Ceará se transformou em um modelo de reforma educacional.

Um município cearense foi pioneiro nas reformas que inspiraram melhorias na educação em todo o estado.

A transformação do sistema educacional do Ceará começou em Sobral, um município de médio porte a cerca de três horas de carro da capital do estado. No fim dos anos 90, mais de quatro em cada cinco alunos de Sobral tinham atraso escolar. Além de representar um sintoma de aprendizado precário e frequência escolar inconsistente, a distorção idade-série é um forte indicador de futuro abandono escolar. Na avaliação nacional da qualidade da educação de 2005 (ver Quadro 1), Sobral sequer figurava entre os mil municípios brasileiros com melhores resultados. No entanto, em 2017, ficou em primeiro lugar no 5.º e no 9.º ano, uma reviravolta impressionante (Figura 2).

Como Sobral conseguiu essa transformação? Foi preciso um esforço iterativo e focado, apoiado por uma liderança política comprometida para alcançar alfabetização universal. O ano de 1997 marcou o início de uma nova administração municipal. Na época, o sistema educacional de Sobral refletia características de muitos outros municípios no Brasil.

A seleção dos diretores escolares costumava estar associada a favores políticos, e esses diretores escolhiam sua equipe de professores com base em seus próprios critérios. A estrutura de muitas escolas – principalmente as menores – era precária, e frequentemente um professor tinha de agrupar várias séries na mesma turma. Foram politicamente difíceis as duas primeiras reformas introduzidas pelo novo governo, baseadas nos conselhos do ex-ministro da educação do México, Otto Granados: "Você deve usar seu capital político no início do mandato, quando ele estiver no máximo, para tomar decisões difíceis e eficazes, mesmo que sejam impopulares". Primeiramente, o novo governo municipal substituiu os critérios políticos para a seleção de diretores e professores por critérios técnicos e consagrou isso em lei. Nesse processo, dispensou um terço dos professores e diretores contratados sob o antigo sistema que não envolvia um processo seletivo técnico. Em seguida, agrupou os alunos dos anos iniciais do ensino fundamental em escolas maiores, onde cada professor pudesse ser responsável por apenas um ano de ensino, e ofereceu transporte escolar (Pequenas comunidades mantiveram escolas próprias para programas de educação infantil e alfabetização de adultos).

Quadro 1

Índice de Desenvolvimento da Educação Básica (IDEB)

A cada dois anos, o Brasil calcula o desempenho educacional de cada um de seus estados e municípios por meio do Índice de Desenvolvimento da Educação Básica (IDEB). A avaliação é feita para o 5° e 9° ano do Ensino Fundamental e 3° ano do Ensino Médio. Por ser uma medida combinada do desempenho dos alunos em exames de português e matemática e das taxas de aprovação, o índice captura tanto a aprendizagem quanto o progresso escolar. O IDEB é calculado nos níveis nacional, estadual, municipal e escolar, e inclui escolas públicas eprivadas.

Após essas reformas iniciais, Sobral não atingiu os resultados esperados. Em 2001, uma avaliação dos alunos do terceiro ano mostrou que dois em cada cinco não sabiam ler uma única palavra. O governo de Sobral estabeleceu, então, uma meta clara: a alfabetização de todos os alunos até o fim do segundo ano, reconhecendo que, se não fossem alfabetizados nos primeiros anos da fase inicial do ensino fundamental, não conseguiriam desenvolver qualquer um dos outros objetivos desejados da educação, como, por exemplo, numeracia, habilidades analíticas de ordem superior e competências sociais e emocionais. Em seguida, implementou uma série de reformas estruturadas com o objetivo de alcançar a alfabetização até o fim do segundo ano: uso efetivo das avaliações de aprendizagem; uma sequência de aprendizado estruturada (que evoluiu para um currículo com foco); professores preparados e motivados; e administração escolar autônoma e responsável (Figura 3). Tudo isso parece muito bom, mas como funciona na prática?

A base fundamental da educação de Sobral é sua meta de que todas as crianças saibam ler e escrever até o fim do segundo ano. O currículo baseado na alfabetização exigia que as outras ações seguissem a uma sequência clara. Adotando a alfabetização como base do aprendizado nos anos sucessivos, o currículo estabelece metas naturais para cada escola e professor, além de servir de base para a elaboração de materiais didáticos com orientações claras sobre seu uso.

Os professores participam de atividades mensais de formação profissional, nas quais preparam e discutem aulas e exames e atualizam os objetivos de aprendizado. O foco é a gestão da sala de aula, e os líderes municipais oferecem planos de aula estruturados para que os professores possam criar suas rotinas de trabalho. Gestores escolares e municipais observam as aulas e oferecem devolutivas aos docentes. O salário dos professores de Sobral é superior ao piso nacional, e eles recebem bônus com base no desempenho de suas turmas e da escola como um todo. Professores excelentes são homenageados em cerimônias e assumem papéis de liderança na seleção de novos professores.

Os professores trabalham de maneira mais efetiva com líderes escolares efetivos. Em Sobral, os diretores têm grande autonomia e responsabilidade pelo aprendizado dos alunos. Desde os primeiros anos das reformas, os diretores são selecionados com base em critérios meritocráticos. Ao longo dos anos, esses critérios evoluíram e passaram a incluir exames escritos, entrevistas e avaliações coletivas e de liderança. Os diretores são nomeados por três anos e, ao fim desse período, podem ser renomeados ou não, dependendo de seu desempenho. Eles também recebem apoio da Secretaria Municipal de Educação: uma equipe visita as escolas regularmente para analisar o progresso de alunos e professores. A liderança municipal também aumentou o orçamento discricionário dos diretores das escolas, em parte com base no número de matrículas, mas também na frequência e aprendizado dos alunos.

Figura 3: Os pilares do sucesso educacional em Sobral

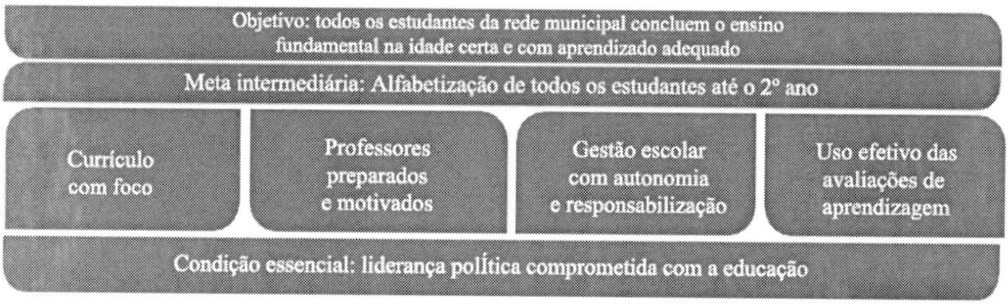

Objetivo: todos os estudantes da rede municipal concluem o ensino fundamental na idade certa e com aprendizado adequado

Meta intermediária: Alfabetização de todos os estudantes até o 2º ano

| Currículo com foco | Professores preparados e motivados | Gestão escolar com autonomia e responsabilização | Uso efetivo das avaliações de aprendizagem |

Condição essencial: liderança política comprometida com a educação

A avaliação regular é uma ferramenta de apoio a todos os alunos. As avaliações regulares de alfabetização começaram em 2001, e seu formato vem evoluindo ao longo do tempo. Os alunos são avaliados duas vezes por ano, e essas avaliações moldam as metas e estratégias de aprendizado para o município, escolas e turmas individuais. Com base nessas avaliações, os alunos que não concluírem a alfabetização até o fim do segundo ano são encaminhados a aulas de reforço. Nos primeiros anos, essas avaliações também levaram à redistribuição de alunos do terceiro ao 5.º ano de acordo com seu nível de alfabetização, de forma a permitir um trabalho especificamente direcionado aos alunos analfabetos. Inicialmente, as avaliações incluíam apenas os anos iniciais do ensino fundamental, mas agora cobrem todos os anos, desde o último ano da educação infantil até a conclusão do ensino fundamental. Além de embasar metas e planos de educação, essas avaliações influenciam os bônus de professores, diretores e escolas que cumprirem as metas. Na verdade, as avaliações vão além do aprendizado. As escolas acompanham a frequência escolar e entram em contato com os pais no mesmo dia se uma criança não comparecer às aulas. Uma equipe da prefeitura visita as escolas duas vezes por mês para analisar os dados de frequência e elaborar planos para apoiar os alunos ausentes. Como resultado, o abandono escolar nos anos iniciais do ensino fundamental caiu de 7% em 2001 para zero em 2010. No mesmo período, o abandono nos anos finais do ensino fundamental diminuiu de 21% para zero.

Os aspectos políticos de qualquer reforma são sempre desafiadores, e Sobral não foge à regra. Algumas famílias resistiram em enviar seus filhos a escolas mais distantes, e alguns líderes políticos, juntamente a professores e diretores que seriam dispensados, foram contrários às mudanças nos critérios de contratação. Algumas reformas se beneficiaram de estratégias jurídicas: o município demonstrou que muitas contratações de professores por motivação política haviam sido, de fato, ilegais, o que aliviou as tensões com os sindicatos de professores. A divulgação no rádio dos péssimos resultados das avaliações de aprendizado ajudou a gerar apoio da população às mudanças. Os bônus financeiros para os professores com melhor desempenho receberam críticas de acadêmicos brasileiros, mas nenhuma oposição dos professores de Sobral, o que é consistente com a popularidade desses programas entre professores de outros países de renda média, como a Índia, e até países de renda baixa, como a Tanzânia.

Figura 4: Princípios do Diálogo Político Efetivo na Reforma Educacional em Sobral

| Diálogo aberto | Tratamento Igualitário | Transparência |

O governo local atribui seu sucesso na reforma política a três princípios: diálogo aberto e consistente com pais, diretores escolares e políticos locais; igualdade de tratamento, independentemente da filiação política; e transparência nos critérios adotados para avaliar escolas e professores (Figura 4). Tudo isso conferiu legitimidade ao processo de reforma. O diálogo aberto e continuado sobre a importância do aprendizado traz de volta o princípio da liderança política comprometida: quando os administradores eleitos sinalizam de maneira consistente, tanto com palavras quanto com ações, que o aprendizado, e não apenas a educação, é uma prioridade, a reforma pode acontecer.

Alguns anos depois, o estado do Ceará iniciou uma série de reformas para melhorar a qualidade da educação em todos os seus municípios.

O Ceará colocou o aprendizado no centro de sua estratégia de educação, tendo a alfabetização como base. Seguiu, então, uma estratégia paralela à de Sobral, adaptada às funções distintas de um governo estadual: estabeleceu incentivos para os municípios alcançarem resultados educacionais; ofereceu ampla assistência técnica àqueles municípios; acelerou o processo de transferência da gestão dos anos finais do ensino fundamental (6.º ao

9.º) aos governos municipais, e estabeleceu o monitoramento regular da aprendizagem, seguido de ações baseadas nesse aprendizado (Figura 5). Ao centro da série de reformas, estava a liderança política comprometida e foco.

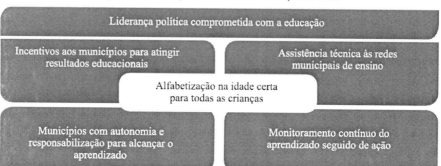

Figura 5: As condições de sucesso na educação do Ceará

O Ceará revolucionou as transferências fiscais para os municípios, vinculando-as ao desempenho educacional. Historicamente, a receita do imposto estadual de circulação de mercadoria e prestação de serviços (ICMS) e redistribuída aos municípios com base na população e no nível de atividade econômica; esse ainda é o caso na maioria dos estados brasileiros. Em 2007, o Ceará aprovou uma lei – a primeira do país – que determinava que um quarto dessa transferência fosse vinculado ao desempenho do município em educação, saúde e meio ambiente. Nessa fórmula, o peso da qualidade da educação era três vezes superior ao das outras áreas. O foco estava na melhoria, e não em simplesmente alcançar determinados níveis, de modo que todos os municípios tinham a possibilidade de obter sucesso. Portanto, quase um em cada cinco reais que os municípios recebem do estado são vinculados a seus resultados educacionais. A fórmula de financiamento também recompensou os sistemas escolares com maior frequência de alunos nos exames, para evitar que os líderes educacionais tentassem burlar o sistema por meio da exclusão dos alunos de baixo desempenho. Os líderes municipais tinham fortes incentivos para obter bons resultados educacionais, e parte disso dependia da eleição de secretários de educação com base em critérios técnicos, e não políticos.

Esse modelo específico de incentivo ao desempenho educacional funcionou devido ao ambiente de gestão descentralizada da educação no Ceará. Diferentemente da maioria dos estados brasileiros, praticamente todas as escolas públicas de ensino fundamental (1.º ao 9.º ano) do Ceará são geridas pelos governos municipais. Isso significa que todos os aspectos da gestão escolar estão sob a responsabilidade das secretarias municipais de educação, inclusive a contratação de professores e a manutenção dos prédios escolares. Os governos estadual e federal estabelecem políticas complementares que os governos municipais podem ou não aderir. A decisão de transferir a gestão do ensino fundamental aos municípios definiu papéis e responsabilidades claros para cada nível de governo, como governo estadual apoiando os governos municipais nos anos iniciais e finais do ensino fundamental, e focando sua responsabilidade nas escolas de ensino médio e técnico.

Os incentivos não têm muito resultado se os municípios não forem capacitados. Um segundo fator-chave do sucesso no Ceará foi a assistência técnica aos municípios. Essa assistência é oferecida de várias formas, todas no âmbito de um programa que o estado estabeleceu em 2007: "Programa Alfabetização na Idade Certa", que ofereceu amplo apoio às escolas administradas pelos municípios. Do ponto de vista pedagógico, as escolas, por meio de suas secretarias municipais de Educação, recebem materiais de aprendizagem estruturados, com claras rotinas de ensino, e que priorizam habilidades essenciais, especialmente a alfabetização nos primeiros anos. Os professores recebem formação sobre o uso desses materiais de aprendizagem estruturados, inclusive na forma de observações em sala de aula com devolutiva. Os municípios com pior desempenho recebem apoio adicional, e o estado ainda fornece apoio orçamentário e curricular à educação infantil, que é de inteira responsabilidade dos municípios, para garantir que as crianças iniciem bem a vida escolar.

Os municípios também recebem apoio para melhorar a gestão de seus sistemas de ensino. O estado fornece formação e materiais para ajudar as secretarias municipais de educação a aumentar o tempo letivo em sala de aula; reduzir o número de turmas multisseriadas; adotar critérios meritocráticos para a seleção de diretores escolares (como em Sobral); e oferecer incentivos financeiros e não financeiros aos professores cujos alunos atinjam as metas de alfabetização. Os coordenadores pedagógicos das escolas, que oferecem apoio direto aos professores em cada sala de aula, são instruídos por gestores municipais de educação que, por sua vez, recebem orientação do estado. O foco da formação de coordenadores está no apoio, e não na fiscalização. O estado também oferece recompensas diretas às escolas de desempenho mais alto, desde que elas se empenhem em ajudar outras instituições com baixo desempenho no município.

Por fim, seria impossível saber se o estado está avançando rumo a seu objetivo sem uma avaliação de progresso. Com base nisso, o Ceará implementou um sistema de monitoramento regular do aprendizado. As escolas avaliam o nível de alfabetização dos alunos no 2.º ano, e os resultados embasam tanto as metas quanto o apoio oferecido na forma de desenvolvimento profissional dos professores. Além das avaliações nacionais no 5.º e 9.º anos, o estado estabeleceu uma avaliação anual externa do nível de alfabetização dos alunos do 2.º ano. Essa avaliação é útil tanto para as estratégias de melhoria quanto para as avaliações de desempenho. Além disso, o estado apoia a adoção de avaliações de aprendizagem realizadas pelos próprios municípios.

Cada um desses fatores – incentivos, assistência técnica e monitoramento regular, alinhados ao objetivo de alfabetização na idade certa – contribuiu para o sucesso da educação no Ceará. Um estudo do Banco Mundial que compara as escolas cearenses com outras similares em estados limítrofes sugere que o financiamento baseado em resultados, quando associado à ampla assistência técnica, atinge resultados muito melhores do que quando esses dois mecanismos são adotados separadamente. Isso é observado não apenas nas notas dos alunos, mas também em uma série de ações que não têm incentivos diretos associados a elas. Por exemplo, os professores cearenses estão mais propensos a corrigir a lição de casa dos alunos, e mais escolas relatam ter acesso a livros sobre a eficácia do ensino e receber apoio do governo municipal para o ensino. Os diretores sentem que têm mais oportunidades de formação continuada no trabalho e apreciam a efetividade dessas oportunidades. Além disso, é mais provável que enviem representantes da escola à casa dos alunos ausentes. Um dos motivos que permitiu o sucesso dessa combinação de financiamento baseado em resultados e assistência técnica no Ceará foi o fato de, já em 2007, praticamente toda a oferta dos anos iniciais e mais de três quartos da oferta dos anos finais do ensino fundamental estarem sob gestão municipal. Um sistema sem esse nível de descentralização seria obrigado a organizar sua estrutura de incentivos financeiros de maneira diferente.

Programas com fortes incentivos às vezes geram preocupações quanto à equidade. No Ceará, os incentivos oferecidos aos municípios concentram-se em reduzir a proporção de alunos com aprendizado abaixo de um padrão mínimo estabelecido – mantendo-os na escola – em vez de simplesmente aumentar as médias. Dessa forma, os municípios têm um incentivo para não deixar nenhuma criança para trás. Estudos sugerem que o mecanismo funciona, e que esses incentivos financeiros contribuem para a redução das diferenças entre os municípios mais pobres e mais ricos do estado. Outra análise demonstra que, depois que o Ceará introduziu suas reformas de financiamento e assistência técnica, os alunos com renda mais baixa tiveram melhores resultados nas avaliações de aprendizagem. Meninas e alunos negros também vêm se beneficiando de maneira desproporcional.

Uma liderança política comprometida foi essencial para essas reformas. Além da atenção e esforço contínuos necessários para implementar as reformas, um elemento crucial de sua liderança é que o Governo do Ceará manteve a política partidária fora das escolas. Os municípios alinhados com o partido político do governo estadual recebem os mesmos benefícios e apoio que os da oposição. Isso levou os municípios a, cada vez mais, selecionar seus secretários de Educação com base em critérios técnicos, em vez de político-partidários. A liderança política também resultou na formação de uma equipe de profissionais de gestão e educação capazes de implementar esse programa em nível estadual.

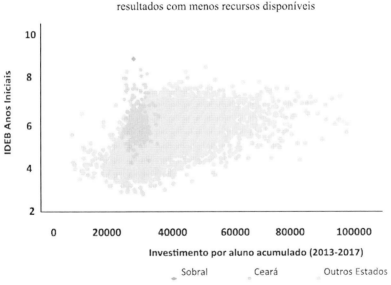

Figura 6: Os municípios do Ceará têm melhores resultados com menos recursos disponíveis

Essas reformas implicam em maior esforço, e o Ceará teve de aumentar seus gastos com educação. Apesar disso, ainda obtém um melhor resultado educacional dado o investimento do que a maioria dos estados. O aumento nos gastos foi possibilitado por uma reforma nacional do financiamento da educação realizada em 1996, que aumentou os recursos educacionais para os estados e municípios mais pobres. Os municípios cearenses atraem 18% mais recursos para suas escolas que outros em estados vizinhos. Mesmo com o aumento dos gastos, os municípios cearenses se mantêm na faixa inferior de gastos por aluno no país. Apesar disso, a maioria encontra-se na metade superior da distribuição da qualidade da educação no Brasil, com Sobral em primeiro lugar (Figura 6).

"Um elemento crucial de sua liderança é que o governo do Ceará manteve a política fora das escolas."

A alfabetização é crucial, mas a educação vai além da alfabetização. O principal programa educacional do Ceará tem como objetivo garantir que os alunos aprendam a ler até o final do 2.º ano, e isso também é previsto no programa de Sobral. No entanto, além da alfabetização, tanto o estado quanto o município observaram avanços significativos e bons desempenhos em matemática, e não apenas nos anos iniciais do ensino fundamental (1.º ao 5.º), mas também nos anos finais (5.º ao 9.º). Isso indica que uma boa alfabetização nos primeiros anos permite que as escolas ensinem todas as outras disciplinas que precisam ensinar, e que as estratégias que o Ceará e seus municípios vêm adotando nessa fase inicial do ensino aumentam sua efetividade educacional nos anos seguintes.

Os avanços educacionais do Ceará vão melhorar o desempenho econômico do estado. O vínculo entre educação e crescimento econômico é conhecido há muito tempo, mas pesquisas recentes demonstram que o nível de aprendizado explica muito melhor o aumento no desempenho econômico que a simples medição do ano de escolaridade. Uma melhor alfabetização traduz-se em maiores rendimentos para os indivíduos. Como resultado, os notáveis ganhos de alfabetização e numeracia do Ceará e de Sobral se converterão em benefícios econômicos nos próximos anos.

O Ceará ainda tem muito a fazer. Embora o Ceará tenha observado melhorias significativas nos anos iniciais e finais do ensino fundamental, seu desempenho no ensino médio ainda não é tão satisfatório, o que pode refletir vários desafios. O ensino médio é oferecido diretamente pelo estado, e pode ser mais fácil criar incentivos para os municípios do que para si mesmo. Além disso, melhorar o desempenho em habilidades fundamentais (como literacia e numeracia) não é simples, mas há muitos dados disponíveis sobre como fazê-lo, ao passo que reformar o ensino de competências mais complexas pode ser bem mais difícil. O Ceará está realizando esforços para avançar no ensino médio, assim como fez no ensino fundamental, com a esperança de colher bons frutos nos próximos anos.

O que outros governos podem aprender com a experiência Ceará-Sobral?

A principal lição da experiência Ceará-Sobral é que é possível realizar uma reforma significativa em um período razoável, mesmo em um ambiente sem muitos recursos financeiros. Além disso, o Ceará alcançou avanços notáveis no ensino fundamental mesmo sem o controle direto do estado sobre a oferta de educação: sua conquista foi por meio de incentivos e apoio aos municípios, que eram, de fato, os gestores das escolas.

Países do mundo todo buscam avanços de curto prazo em relação ao acesso à educação e à qualidade do ensino. Com isso em mente pode ser tentador tentar resumir o sucesso do Ceará a uma única reforma sustentada pelos seguintes pilares: financiamento baseado em resultados aos municípios; despolitização da seleção de diretores e professores; incentivos aos professores; materiais didáticos estruturados; e capacitação do corpo docente. Contudo, reduzir esses programas de reformas a um único elemento seria imprudente, pois os dados mais confiáveis indicam que o notável sucesso atingido no estado deriva da junção de vários fatores. Ao mesmo tempo, todo sistema educacional tem suas próprias peculiaridades, de modo que a simples adoção do pacote completo de reformas seria igualmente imprudente e, provavelmente, inviável. No Brasil, o Instituto Bem Comum e a Fundação Lemann estão trabalhando em parceria com municípios de vários estados para adaptar a experiência de Sobral e em outros o modelo do Ceará, que também inclui o Instituto Natura.

"Reduzir as reformas a um único elemento seria imprudente, pois as evidências mais confiáveis indicam que o notável sucesso atingido no estado deriva da junção de vários fatores."

Juntamente aos elementos do programa de reformas implementado no Ceará, os governos de outros países podem reconhecer que importantes reformas de longo prazo não se sustentarão sem uma liderança política focada e comprometida com a educação. Isso significa pôr o aprendizado ao centro dos sistemas educacionais e abandonar qualquer oportunidade de usar a educação para obter benefícios políticos, mantendo o foco no aprendizado.

Ceará e Sobral demonstram modelos eficazes de reforma educacional em sistemas em que escolas são gerenciadas direta e indiretamente. Sobral e Ceará combinaram apoio técnico com incentivos-autonomia e responsabilização de quem presta diretamente serviços de educação. Em Sobral o governo municipal administrava diretamente as escolas, mas os diretores tinham liberdade e responsabilidade de obter ganhos educacionais, com o apoio técnico do município. No Ceará, com a responsabilidade do ensino fundamental no nível municipal, o estado criou incentivos efetivos voltados para melhorar os resultados de aprendizagem, combinados com amplo apoio – tanto na gestão do sistema educacional quanto na melhoria da pedagogia – para municípios para que pudessem implementar as mudanças necessárias para atingir suas metas. Esses dois exemplos fornecem um modelo de sucesso para a administração direta e indireta das escolas.

O Ceará e Sobral avaliaram e replicaram seus avanços. As reformas iniciais de Sobral –agrupamento dos alunos em escolas maiores e reformulação das políticas de seleção de professores e diretores – não renderam benefícios imediatos, mas podem muito bem ter sido essenciais para que outras políticas tenham funcionado. Independentemente disso, a falta de sucesso inicial levou o município a tentar outras mudanças, sempre com o objetivo de melhorar a alfabetização nos anos iniciais do ensino. A experiência do Ceará é notadamente semelhante: ao longo de mais de uma década, o estado testou um conjunto de políticas, mas sempre mantendo o mesmo objetivo. Essas iterações continuam à medida que o estado procura melhorar a qualidade do ensino médio. O estado sabe o que está e o que não está funcionando, em parte por meio dos resultados de avaliações minuciosas e regulares. Grande parte das avaliações realizadas pelos municípios não contribui muito em termos de progresso, mas à medida que tais avaliações se tornam estratégias para atingir cada aluno, seus resultados têm o maior impacto possível. Todos os países cuja liderança esteja disposta a apoiar o aprendizado podem avaliar e replicar essas experiências, uma vez que elas oferecem uma vasta gama de ferramentas para subsidiar esse investimento crucial em sua próxima geração.

CAPÍTULO X

PROGRAMA INTERNACIONAL DE AVALIAÇÃO DE ESTUDANTES (PISA)

10.1 PISA FOR SCHOOLS EM SOBRAL 2017

Numa iniciativa pioneira, Sobral aplicará o Pisa for Schools para os estudantes da rede pública de ensino. Assim teremos um panorama real de como está a educação de Sobral, quando comparada aos melhores sistemas educacionais do mundo.

Programa Internacional de Avaliação de Estudantes (Pisa) é uma avaliação comparada realizada a cada três anos para avaliar os sistemas educacionais em todo o mundo, testando as habilidades e conhecimentos de estudantes de 15 anos de idade. Em 2015, mais de meio milhão de estudantes de 73 países fizeram o teste de duas horas. Os alunos são avaliados em ciências, matemática, leitura, resolução de problemas colaborativos e alfabetização financeira. Toda a aplicação e o gerenciamento dos dados gerados pela pesquisa são conduzidos pela Organização para a Cooperação e Desenvolvimento Econômico (OCDE). Com base em demandas mais específicas, além da generalização da nota dos estudantes de um país, a OCDE desenvolveu um teste separado que permite às escolas avaliarem o seu desempenho em tarefas semelhantes às utilizadas no Pisa. Por meio do teste Pisa for Schools, as escolas podem medir o conhecimento e habilidades de seus alunos em tarefas semelhantes às do Programa de Avaliação Internacional de Estudantes (Pisa). Os resultados do estudante, que são anônimos, contribuem para o cálculo da média do município. As informações coletadas serão utilizadas pela Secretaria da Educação de Sobral para trocar experiências, ver o que está dando certo em outros contextos escolares e pensar novas políticas que melhorem a educação.

Algumas empresas também usam os resultados para conhecer o nível educacional dos trabalhadores em locais onde irão abrir suas filiais.

10.2 QUAL O DESEMPENHO DAS ESCOLAS PARTICIPANTES DO PROJETO EM COMPARAÇÃO COM CONTEXTOS NACIONAIS E INTERNACIONAIS?

Tabela 1 • Desempenho geral das 16 escolas públicas participantes em leitura, matemática e ciências

		LEITURA		MATEMÁTICA		CIÊNCIAS	
		Pontuação média de desempenho	E.P.	Pontuação média de desempenho	E.P.	Pontuação média de desempenho	E.P.
16 escolas públicas	10% maior desempenho	530	4,1	482	2,5	488	2,8
	10% menor desempenho	315	6,3	261	4,9	336	2,7
Brasil		407	2,8	377	2,9	401	2,3
OCDE		493	0,5	490	0,4	493	0,4

E.P : Erro Padrão

Microrregião: Sobral

Distância até a capital:

Federal: 2.175 km

Estadual: 240 km

Área: 2.122.989 km²

População: 203.682 hab.

Distritos: Sobral, Aprazível, Aracatiaçu, Bonfim, Caioca, Caracará, Jaibaras, Jordão, Patos, Patriarca, Rafael Arruda, São José do Torto e Taperuaba

População total: 203.682

Urbana: 166.310

Rural: 21.923

Homens: 91.462

Mulheres: 96.771

Densidade demográfica: 95,04 hab./km²

61 ESCOLAS (15 Centros de Educação Infantil, 14 Escolas de Ensino Fundamental I, 4 Escolas de E. Fundamental I e 6.º ano, 10 Escolas de E. Fundamental II, 18 Escolas de E. Fundamental II) **56 EXTENSÕES**

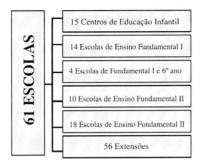

EDUCAÇÃO INFANTIL

- 15 Centros de Educação Infantil (CEI);
- Universalizou o atendimento na pré-escola – 4 e 5 anos;
- 50% das crianças de 0 a 3 anos em creches;
- Média de atendimento no Brasil e de 25%.

ESCOLA DE TEMPO INTEGRAL

- Sobral implantou o ensino em tempo integral do 6.º ao 9.º ano;
- O Colégio tem currículo diferenciado com ampliação da carga-horária das disciplinas da base comum;
- Projeto de Vida, Protagonismo Juvenil, Introdução a Pesquisa e Formação Humana trabalhando as competências socioemocionais.

MATRÍCULAS

A rede pública municipal de Educação de Sobral tem 33.728 estudantes matriculados.

Modalidade	Etapa	Matrícula
INFANTIL	Bebê	197
	I	259
	II	1.546
	III	2.228
	IV	2.365
	V	2.355

Modalidade	Etapa	Matrícula
FUNDAMENTAL	1º ano	2.284
	2º ano	2.278
	3º ano	2.208
	4º ano	2.494
	5º ano	2.316
	6º ano	2.701
	7º ano	2.435
	8º ano	2.702
	9º ano	2.299
EJA	EJA I	622
	EJA II	777
	EJA III	775
	EJA IV	887

CENTRO DE LÍNGUAS

Funcionamento: manhã, tarde e noite

Atendimento da rede municipal (alunos) – semestre 2016.2

Inglês: 472

Espanhol: 73

Ciências: 325

Informática: 193

BIBLIOTECA MUNICIPAL

Funcionamento: das 8 às 14h

Acervo: 26 mil títulos

Livros em Braille: 85 (adultos); 38 (infantis); e 156 (áudio livros)

Empréstimos (por mês): 500 livros

Público cadastrado: 5.525

BRINQUEDOTECA

Funcionamento: manhã e tarde

Atendimentos (em 2015): 12.493

Projetos acompanhados/executados: Amigos da Leitura, Ceará Cresce Brincando, PSE, A escola vai ao cinema, Peteca, Jogos ELOS e Tamo Junto

EQUIPAMENTOS, PESSOAL E RECURSOS FINANCEIROS

Equipamentos

35 bibliotecas;

42 laboratórios de informática;

33 salas de recursos multifuncionais.

Pessoal

125 coordenadores pedagógicos;

1.790 professores;

1.748 funcionários administrativos.

Recursos Financeiros

Fundae; Fundecrei

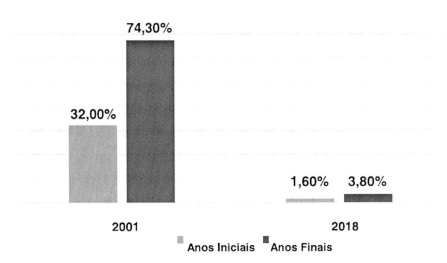

Fonte: Censo da Educação básica 2016/INEP Seduc Sobral

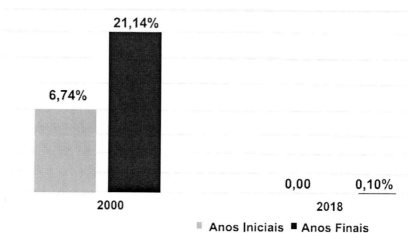

Fonte: Censo da Educação básica 2016/INEP Seduc Sobral

IOEB - Índice de Oportunidades Educacionais Brasileiras

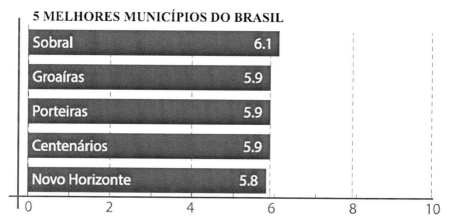

Ensino Fundamental I Anos Iniciais 1.º ao 5.º ano – Evolução Ideb – Anos Iniciais

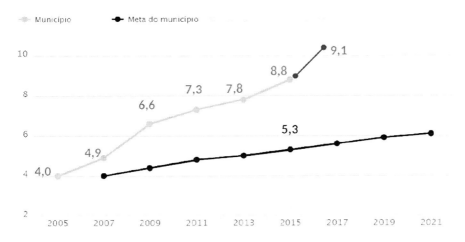

Fonte: QEdu.org.br. Dados do Ideb/Inep (2015)

Ensino Fundamental II Anos Finais 6.º ao 9.º ano – Evolução Ideb – Anos Finais

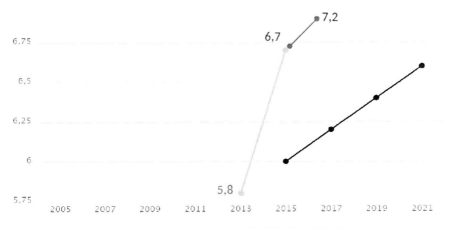

Fonte: QEdu.org.br. Dados do Ideb/Inep (2015)

CAPÍTULO XI

ARCABOUÇO JURÍDICO-LEGAL

11.1 FONTES DEFINIDORAS

O Direito Educacional tem suas fontes em todas as leis que fazem referência à educação: a Constituição Federal, as leis federais, estaduais e municipais, as normas emanadas do Conselho Nacional de Educação, Conselhos Estaduais e Distritais, os atos administrativos emitidos pelas Secretarias Municipais de Educação e também os regimentos das instituições de ensino, do básico ao superior. As normas do Direito Educacional estão generosamente espraiadas e ainda carecem de sistematização.

As diretrizes e bases da educação brasileira estão presentes na Lei 9.394 de 1996, tendo sofrido diversas alterações desde então. O referido texto legal explicita inicialmente que a educação abrange os processos formativos que se desenvolvem na vida familiar, na convivência humana, no trabalho, nas instituições de ensino e pesquisa, nos movimentos sociais, nas organizações da sociedade civil e nas manifestações culturais, devendo vincular-se ao mundo do trabalho e à prática social.

No Brasil, a educação é dever da família e do Estado e baseia-se nos princípios da igualdade de condições para o acesso e permanência na escola; na liberdade de aprender, ensinar, pesquisar e divulgar a cultura, o pensamento, a arte e o saber; no pluralismo de ideias e de concepções pedagógicas; no respeito à liberdade e apreço à tolerância; na coexistência de instituições públicas e privadas de ensino; na gratuidade do ensino público em estabelecimentos oficiais; na valorização do profissional da educação escolar; na gestão democrática do ensino público; na garantia de padrão de qualidade; na valorização da experiência extraescolar; na vinculação entre a educação escolar, o trabalho e as práticas sociais e na consideração com a diversidade étnico-racial.

Os pais ou responsáveis são obrigados a matricular as crianças na educação básica a partir dos 4 anos de idade. O ensino é livre à iniciativa privada, que deve cumprir as normas gerais da educação nacional e do respectivo sistema de ensino, devendo obter autorização de funcionamento e avaliação de qualidade pelo Poder Público, além de possuir capacidade de autofinanciamento, podendo obter financiamento público as escolas comunitárias, confessionais ou filantrópicas, preenchidos alguns requisitos.

Os sistemas de ensino – que têm alguma liberdade nos termos da referida lei – são organizados em regime de colaboração pela União, estados, Distrito Federal e municípios. Mas cabe à União a coordenação da política nacional de educação, exercendo função normativa, redistributiva e supletiva em relação às demais instâncias educacionais.

Os sistemas municipais de ensino compreendem as instituições do ensino fundamental, médio e de educação infantil mantidas pelo Poder Público municipal, as instituições de educação infantil criadas e mantidas pela iniciativa privada e os órgãos municipais de educação.

11.2 LEGISLAÇÕES, LEIS, DECRETOS, NORMAS E PORTARIAS

Lei Municipal n.º 256 de 30 de março de 2000 (Institui o Plano de Carreira e Remuneração [PCR] do Grupo Ocupacional do Magistério [MAG] Público do Município de Sobral);

Lei Municipal n.º 294 de 26 de março de 2001 (Institui na Rede de Ensino do Município de Sobral o Ensino Fundamental com duração de nove anos);

Lei Municipal n.º 316 de 10 de agosto de 2001(Cria a Semana Municipal do Livro e dá outras providências);

Lei Municipal n.º 318 de 12 de setembro de 2001(Institui o Fundo para o Desenvolvimento e Autonomia da Escola – Fundae);

Lei Municipal n.º 342 de 5 de março de 2002 (Institui Gratificação para os Professores Alfabetizadores da Rede Municipal de Ensino);

Lei Municipal n.º 488 de 6 de janeiro de 2004 (Dispõe sobre a Política de Alfabetização na 1.ª Série Básica e 1.ª Série Regular do Ensino Fundamental da Rede Municipal);

Lei Municipal n.º 489 de 6 de janeiro de 2004 (Dispõe sobre o Regime de Autonomia Pedagógica e Administrativa da Gestão das Escolas da Rede Municipal de Ensino de Sobral-CE);

Lei Municipal n.º 490 de 6 de janeiro de 2004 (Dispõe sobre a criação da Superintendência Escolar);

Lei Municipal n.º 491 de 6 de janeiro de 2004 (Estabelece critérios para escolha de candidato ao provimento de Cargo em Comissão de Diretor de Escolas da Rede Municipal);

Lei Municipal n.º 492 de 6 de janeiro de 2004 (Dispõe sobre a Nucleação das Escolas da Rede Municipal de Ensino, e dá outras providências);

Lei Municipal n.º 636 de 10 de novembro de 2005 (Institui Gratificação de Incentivo à Docência para os Professores Alfabetizadores da Rede Municipal de Ensino);

Lei Municipal n.º 671 de 10 de abril de 2006 (Institui incentivo profissional para professores durante o estágio probatório destinado a formação em serviço);

Lei Municipal n.º 689 de 23 de maio de 2006 (Institui Gratificação de Incentivo à Docência para os Professores Alfabetizadores da Rede Municipal de Ensino);

Lei Municipal n.º 732 de 13 de dezembro de 2006 (Cria e disciplina a organização do Sistema Municipal de Ensino do Município de Sobral);

Lei Municipal n.º 733 de 13 de maio de 2006 (Modifica a Lei n.º 104/97 que cria o Conselho Municipal de Educação);

Lei Municipal n.º 856 de 1.º de setembro de 2008 (Institui o Fundo para o Desenvolvimento e Autonomia dos Centros de Referência da Educação Infantil – Fundecrei – na forma que indica e dá outras providências);

Lei Municipal n.º 925 de 14 de janeiro de 2009 (Regulamenta o piso salarial profissional municipal para os profissionais do magistério público da educação básica a que se refere a Lei n.º 11.738/08);

Lei Municipal n.º 1021 de 30 de junho de 2010 (Altera a Lei n.º 256, de 30 de março de 2000, para aperfeiçoar as regras e procedimentos sobre o Plano de Carreira e Remuneração [PCR] do Grupo Ocupacional do Magistério [MAG] Público do Município de Sobral);

Lei Municipal n.º 1022 de 30 de junho de 2010 (Institui a Gratificação de Produtividade à Docência para Professores da Rede Municipal de Ensino);

Lei Municipal n.º 1059 de 25 de maio de 2011 (Institui incentivo profissional para professores durante o estágio probatório destinado a formação em serviço);

Lei Municipal n.º 1090 de 14 de setembro de 2011 (Altera os dispositivos da Lei n.º 1022 de 30 junho de 2010);

Lei Municipal n.º 1091 de 14 de setembro de 2011 (Institui Gratificação de Produtividade ao Núcleo Gestor das Escolas do Sistema Municipal de Ensino);

Lei Municipal n.º 1108 de 23 de novembro de 2011(Altera o Art. 1.º da Lei n.º 810 de 1.º de abril de 2008);

Lei Municipal n.º 1208 de 2 de maio de 2013 (Institui incentivo profissional para professores durante o estágio probatório destinado a formação em serviço);

Lei Municipal n.º 1454 de 17 de março de 2015 (Institui Gratificação de Produtividade à Docência para Professores do Sistema Municipal de Ensino);

Lei Municipal n.º 1465 de 5 de maio de 2015 (Modifica a Lei n.º 733/2006 que regulamenta o Conselho Municipal de Educação);

Lei Municipal n.º 1477 de 24 de junho de 2015 (Aprova o Plano Municipal de Educação – PME do Município de Sobral);

Lei Municipal n.º 1534 de 23 de dezembro de 2015 (Altera a Lei n.º 1465/2015 que regulamenta o Conselho Municipal de Educação);

Lei Municipal n.º 1693 de 29 de novembro de 2017 (Dispõe sobre o Prêmio Escola Aprender Melhor no Âmbito da Rede Pública Municipal de Ensino de Sobral).

DECTEROS

Decreto Municipal n.º 268 de 10 de maio de 2000 (Regulamenta o artigo 12 da Lei n.º 256 de 30 de março de 2000, disciplinando o Regime de Trabalho dos Profissionais do Magistério).

Decreto Municipal n.º 309 (dispõe sobre a instituição do Prêmio Escola Alfabetizadora). Sobral, 2001.

Decreto Municipal n.º 331 (regulamenta a Lei Municipal n.º 318, instituidora do Fundo de Autonomia das Escolas – Fundae). Sobral, 2001.

Decreto Municipal n.º 572 (modifica as disposições sobre a instituição do Prêmio Escola Alfabetizadora). Sobral, 2003.

Decreto Municipal n.º 588 (estabelece critérios para a concessão da gratificação para professores alfabetizadores da rede municipal de ensino). Sobral, 2003.

Decreto Municipal n.º 713 de 9 de maio de 2005 (Regulamenta a Lei Municipal n.º 318 de 12 de setembro de 2001 que institui o Fundo de Autonomia das Escolas – Fundae).

Decreto Municipal n.º 808 de 23 de novembro de 2005 (Regulamenta o Projeto Alfabetização é Cidadania).

Decreto Municipal n.º 820 de 1.º de fevereiro de 2006 (Regulamenta a Lei n.º 636/2005 de 10 de novembro de 2005, estabelecendo critérios para a concessão de Gratificação de Incentivo à Docência para os Professores Alfabetizadores da Rede Municipal de Ensino).

Decreto Municipal n.º 865 de 2 de agosto de 2006 (Qualifica, no âmbito do Programa Municipal de Publicização, a Escola de Formação Permanente do Magistério Esfapem).

Decreto Municipal n.º 890 de 14 de novembro de 2006 (Regulamenta o Programa Brasil Alfabetizado).

Decreto Municipal n.º 958 de 23 de agosto de 2007 (Regulamenta a Lei n.º 689 de 23 de maio de 2006 c/c Lei 748 de 10 de abril de 2007, estabelecendo critérios para concessão da Gratificação de Incentivo à Docência para os Professores do 1.º ao 5.º ano e de Aceleração da Aprendizagem da Rede Municipal de Ensino).

Decreto Municipal n.º 967 de 3 de setembro de 2007 (Regulamenta a Lei n.º 671 de 10 de abril de 2006, estabelecendo critérios para concessão da gratificação de incentivo profissional para professores durante o estágio probatório, participantes do Programa de Formação em Serviço).

Decreto Municipal n.º 983 de 29 de novembro de 2007 (Dispõe sobre a instituição do "Prêmio Escola de Sucesso").

Decreto Municipal n.º 1115 de 28 de janeiro de 2009 (Regulamenta a Lei Municipal n.º 856 de 1 de setembro de 2008 que institui o Fundo para o Desenvolvimento e Autonomia dos Centros de Referência da Educação Infantil – Fundecrei).

Decreto Municipal n.º 1160 de 19 de agosto de 2009 (Majora os valores da gratificação de Incentivo à Docência para os Professores do 1.º ao 5.º ano e de Aceleração da Aprendizagem do Sistema Municipal de Ensino).

Decreto Municipal n.º 1261 de 8 de outubro de 2010 (Regulamenta a Lei n.º 1022/2010 de 30 de junho de 2010, estabelecendo critérios para a concessão da Gratificação de Produtividade à Docência para os Professores da Rede Municipal de Ensino).

Decreto Municipal n.º 1323 de 8 de agosto de 2011 (Regulamenta a Lei n.º 1059 de 25 de maio de 2011, estabelecendo critérios para concessão da gratificação de incentivo profissional para professores durante o estágio probatório, participantes do Programa de Formação em Serviço).

Decreto Municipal n.º 1325 de 22 de agosto de 2011 (Regulamenta a Lei Municipal n.º 1021 de 30 de junho de 2010, que aperfeiçoa as regras e procedimentos sobre o Plano de Carreira e Remuneração [PCR] do Grupo Ocupacional do Magistério [MAG] do Município de Sobral).

Decreto Municipal n.º 1332 de 15 de setembro de 2011 (Regulamenta a Lei n.º 1091/2011 de 14 de setembro de 2011, estabelecendo critérios para a concessão de Gratificação de Produtividade à Docência para os Professores do Sistema Municipal de Ensino).

Decreto Municipal n.º 1333 de 15 de setembro de 2011 (Regulamenta a Lei n.º 1091, de 14 de setembro de 2011, estabelecendo critérios para a concessão de Gratificação de Produtividade ao Núcleo Gestor das Escolas do Sistema Municipal de Ensino).

Decreto Municipal n.º 1409 de 12 de março de 2012 (Altera o Decreto n.º 1325, de 22 de agosto de 2011).

Decreto Municipal n.º 1532 de 1 de agosto de 2013 (Regulamenta a Lei n.º 1208 de 2 de maio de 2013, estabelecendo critérios para concessão da gratificação de incentivo profissional para professores durante o estágio probatório, participantes do Programa de Formação em Serviços).

Decreto Municipal n.º 1551 de 6 de dezembro de 2013 (Cria no âmbito do Sistema Municipal de Ensino a organização do Programa de Escolas Experimentais de Ensino Fundamental em Tempo Integral).

Anexo I do Decreto n.º 1996/2017 (Categorias do Prêmio Escola Aprender Melhor).

Decreto Municipal n.º 2024 de 27 de abril de 2018 (Estabelece os objetivos, o programa e a carga horária do curso de formação em serviços dos professores em estágio probatório).

PORTARIAS

Portaria 005/2002/SEDEC (estabelece metas de alfabetização anuais). Sobral, 2002.

Portaria 042/2003/SEDEC (estabelece o regulamento do Prêmio Escola Alfabetizadora). Sobral, 2003.

Edital n.º 001/2003 (seleção para diretores das escolas públicas municipais). Sobral, 2003.

Edital n.º 002/2003 (seleção para coordenadores pedagógicos das escolas públicas municipais). Sobral, 2003.

Edital n.º 04/2001 (seleção de professores da rede municipal de ensino). Sobral, 2001.

Você pode encontrar toda a legislação municipal no site da Câmara Municipal de Sobral: https://www.camarasobral.ce.gov.br/leis.

ANEXOS

ENTENDENDO O PROCESSO DE NUCLEAÇÃO DAS ESCOLAS MULTISSERIADAS

Antes da nucleação, a rede municipal de Sobral contava com 96 escolas, sendo 67 na zona rural. A alta dispersão na zona rural, a ocorrência de muitas turmas multisseriadas e a variação do número de matrícula nessas unidades (entre 8 e 1.342 alunos) dificultavam a viabilização de recursos humanos e físicos para uma gestão escolar eficiente. Após a nucleação, o ensino fundamental concentrou-se em 38 escolas. A nucleação somente foi possível porque a Prefeitura assegurou o transporte escolar das crianças.

Inicialmente, a nucleação de escolas encontrou muitas resistências nas comunidades. Os principais motivos foram a redução do número de diretores e de vice-diretores e a exigência de transporte diário das crianças para outras localidades. A secretaria realizou, então, reuniões envolvendo os gestores da educação municipal e as comunidades para explicar as vantagens da qualidade educacional proporcionada pelo novo modo de gestão. Quando os resultados da política foram ganhando visibilidade e a população começou a ver a melhoria na qualidade das escolas, as resistências iniciais foram perdendo espaço para a aceitação e o respeito. A localização das escolas-polo, em distritos, foi um fator amortizador do impacto do deslocamento da população rural, uma vez que, segundo a Secretaria de Educação, a população desses distritos preserva características culturais do mundo rural além de vínculos familiares.

Com as reformas no ensino fundamental promovidas pela Lei de Diretrizes e Bases da Educação (LDB), objetivando a implementação da municipalização e universalização do ensino básico, optou-se pelo fechamento de diversas escolas multisseriadas, através do processo chamado de nucleação, que consiste em reunir os alunos das escolas desativadas em centros maiores. Ao passo em que se concentra maior número de alunos, viabiliza a separação em classes de acordo com a idade, elevando a qualidade do ensino.

A nucleação de escolas deve ter como objetivo principal a melhoria da qualidade do ensino oferecido, levando em conta os direitos básicos dos alunos, que uma vez retirado do ambiente comunitário e familiar onde nasceram e cresceram poderá trazer prejuízos à própria identidade cultural. Os tradicionais grupos escolares, além de servirem para a educação das crianças e adolescentes, também são pontos de encontro para discussão de assuntos de interesse da coletividade local. O prédio da escola torna-se ponto de referência daquela comunidade, que geralmente leva o nome de uma pessoa ilustre daquela localidade. Onde serve para realização de reuniões, encontros, festas, cursos, eleições, vacinações, entre outros. O fato é que se trata de um patrimônio público que precisa ser preservado, mesmo com o encerramento das aulas pode e deve continuar servindo à população. O diálogo é fundamental para se chegar a um processo de nucleação menos traumático. Pois a comunidade quer que a escola continue funcionando e o poder público diz não poder mais mantê-la por conta da insuficiência do número de alunos.

Embora ainda seja cedo para fazer qualquer avaliação dos possíveis reflexos que o fechamento dessas escolas isoladas possa causar à identidade cultural das crianças atingidas com o processo de nucleação, estudos precisam ser feitos para identificar eventuais consequências negativas ou positivas. De fato, num município com território tão extenso como o nosso, é mesmo indispensável o esforço do Governo Municipal no sentido de manter em funcionamento, no meio rural, as tradicionais escolas primárias, propiciando às crianças ali residentes o direito de iniciar o ensino fundamental junto à sua comunidade.

A organização do ensino no meio rural, em escolas-núcleo, reduzindo gradativamente as escolas multisseriadas, representa um importante avanço na qualidade do ensino. Pois as escolas multisseriadas comprometem a qualidade do ensino e contribuem para o adoecimento dos professores, devido as dificuldades de lecionar para vários alunos, de idades diferentes, em pelo menos cinco séries, no mesmo local e no mesmo horário. A nucleação viabiliza-se por meio do uso do transporte escolar e deslocamento de alunos de suas comunidades para escolas com maior população, onde estes são reunidos em classes de acordo com sua faixa etária. Assim, a manutenção das escolas-núcleo, com o agrupamento dos diversos alunos através do transporte escolar, implica em economia aos cofres municipais com a redução da necessidade do número de professores e de servidores.

É óbvio que a despesa com transporte escolar deverá aumentar, uma vez que o número de alunos atendidos será maior. Essa despesa extra será compensada com a redução dos gastos de manutenção das escolas nucleadas. No diálogo com os pais dos alunos, nas diversas reuniões realizadas por todo o município, ficou claro que a maior preocupação deles é com a qualidade do veículo que será contratado para fazer o deslocamento dos seus filhos. Essa é uma preocupação legítima e precisa ser considerada pelo poder público, uma vez que a nossa realidade, não diferente do resto do país, é o chamado "pau-de-arara", um veículo aberto, inseguro e ilegal. Gradativamente o município vem adquirindo ônibus escolares que fazem parte da frota própria, tem contratado outros veículos fechados, como ônibus, vans e Kombis.

Os nossos índices educacionais, hoje não nos envergonham, pelo contrário, são motivo de orgulho. Os investimentos são bem direcionados e atingem resultados extraordinários. Resultados de um modelo de educação profissional. A rede de ensino de Sobral possui mais de 180 escolas, sendo uma grande parte na zona rural.

Como era antes:

Muitos prédios alugados, considerados depósitos de alunos, sem nenhuma condição de funcionar com dignidade. Escolas que literalmente desabam por cima das crianças, devido a estrutura física precária de anos de descaso do poder público. Os profissionais da educação e os auxiliares não eram valorizados, reconhecidos, capacitados e mais bem utilizados.

A decisão de nuclear as escolas multisseriadas pode ser considerada como uma correção de rumo na educação, pois o Novo Modelo Educacional de Sobral exige profissionalismo, sistematização e meritocracia para atingir os objetivos da qualidade educacional. Os resultados após a nucleação confirmam os propósitos pretendidos libertando as crianças de um modelo ineficiente, caro e obsoleto que comprometia o futuro da sociedade sobralense.

Disponível em: https://sindsepeouricuri.blogspot.com/2015/03/entendendo-o--processo-de-nucleacao-das.html. Acesso em: 23 abr. 2020.

MINISTÉRIO DA EDUCAÇÃO CONSELHO NACIONAL DE EDUCAÇÃO CÂMARA DE EDUCAÇÃO BÁSICA RESOLUÇÃO N.º 2, DE 28 DE ABRIL DE 2008(*)

Estabelece diretrizes complementares, normas e princípios para o desenvolvimento de políticas públicas de atendimento da Educação Básica do Campo.

A Presidenta da Câmara de Educação Básica do Conselho Nacional de Educação, no uso de suas atribuições legais e de conformidade com o disposto na alínea "c" do § 1.º do art. 9.º da Lei n.º 4.024/1961, com a redação dada pela Lei n.º 9.131/1995, com fundamento no Parecer CNE/CEB n.º 23/2007, reexaminado pelo Parecer CNE/CEB n.º 3/2008, homologado por despacho do Senhor Ministro de Estado da Educação, publicado no DOU de 11/4/2008, resolve:

Art. 1.º A Educação do Campo compreende a Educação Básica em suas etapas de Educação Infantil, Ensino Fundamental, Ensino Médio e Educação Profissional Técnica de nível médio integrada com o Ensino Médio e destina-se ao atendimento às populações rurais em suas mais variadas formas de produção da vida – agricultores familiares, extrativistas, pescadores artesanais, ribeirinhos, assentados e acampados da Reforma Agrária, quilombolas, caiçaras, indígenas e outros.

§ 1.º A Educação do Campo, de responsabilidade dos Entes Federados, que deverão estabelecer formas de colaboração em seu planejamento e execução, terá como objetivos a universalização do acesso, da permanência e do sucesso escolar com qualidade em todo o nível da Educação Básica.

§ 2.º A Educação do Campo será regulamentada e oferecida pelos Estados, pelo Distrito Federal e pelos Municípios, nos respectivos âmbitos de atuação prioritária.

§ 3.º A Educação do Campo será desenvolvida, preferentemente, pelo ensino regular.

§ 4.º A Educação do Campo deverá atender, mediante procedimentos adequados, na modalidade da Educação de Jovens e Adultos, as populações rurais que não tiveram acesso ou não concluíram seus estudos, no Ensino Fundamental ou no Ensino Médio, em idade própria.

§ 5.º Os sistemas de ensino adotarão providências para que as crianças e os jovens portadores de necessidades especiais, objeto da modalidade de Educação Especial, residentes no campo, também tenham acesso à Educação Básica, preferentemente em escolas comuns da rede de ensino regular.

Art. 2.º Os sistemas de ensino adotarão medidas que assegurem o cumprimento do artigo 6.º da Resolução CNE/CEB n.º 1/2002, quanto aos deveres dos Poderes Públicos na oferta de Educação Básica às comunidades rurais.

Parágrafo único. A garantia a que se refere o caput, sempre que necessário e adequado à melhoria da qualidade do ensino, deverá ser feita em regime de colaboração entre os Estados e seus Municípios ou mediante consórcios municipais.

Art. 3.º A Educação Infantil e os anos iniciais do Ensino Fundamental serão sempre preferencialmente oferecidas nas próprias comunidades rurais, evitando-se os processos de nucleação de escolas e de deslocamento das crianças.

§ 1.º Os cincos anos iniciais do Ensino Fundamental, excepcionalmente, poderão ser oferecidos em escolas nucleadas, com deslocamento intracampo dos alunos, cabendo aos sistemas estaduais e municipais estabelecer o tempo máximo dos alunos em deslocamento a partir de suas realidades.

§ 2.º Em nenhuma hipótese serão agrupadas em uma mesma turma crianças de Educação Infantil com crianças do Ensino Fundamental.

Art. 4.º Quando os anos iniciais do Ensino Fundamental não puderem ser oferecidos nas próprias comunidades das crianças, a nucleação rural levará em conta a participação das comunidades interessadas na definição do local, bem como as possibilidades de percurso a pé pelos alunos na menor distância a ser percorrida.

Parágrafo único. Quando se fizer necessária a adoção do transporte escolar, devem ser considerados o menor tempo possível no percurso residência-escola e a garantia de transporte das crianças do campo para o campo.

Art. 5.º Para os anos finais do Ensino Fundamental e para o Ensino Médio, integrado ou não à Educação Profissional Técnica, a nucleação rural poderá constituir-se em melhor solução, mas deverá considerar o processo de diálogo com as comunidades atendidas, respeitados seus valores e sua cultura.

§ 1.º Sempre que possível, o deslocamento dos alunos, como previsto no caput, deverá ser feito do campo para o campo, evitando-se, ao máximo, o deslocamento do campo para a cidade.

§ 2.º Para que o disposto neste artigo seja cumprido, deverão ser estabelecidas regras para o regime de colaboração entre os Estados e seus Municípios ou entre Municípios consorciados.

Art. 6.º A oferta de Educação de Jovens e Adultos também deve considerar que os deslocamentos sejam feitos nas menores distâncias possíveis, preservado o princípio intracampo.

Art. 7.º A Educação do Campo deverá oferecer sempre o indispensável apoio pedagógico aos alunos, incluindo condições infraestruturais adequadas, bem como materiais e livros didáticos, equipamentos, laboratórios, biblioteca e áreas de lazer e desporto, em conformidade com a realidade local e as diversidades dos povos do campo, com atendimento ao art. 5.º das Diretrizes Operacionais para a Educação Básica nas escolas do campo.

§ 1.º A organização e o funcionamento das escolas do campo respeitarão as diferenças entre as populações atendidas quanto à sua atividade econômica, seu estilo de vida, sua cultura e suas tradições.

§ 2.º A admissão e a formação inicial e continuada dos professores e do pessoal de magistério de apoio ao trabalho docente deverão considerar sempre a formação pedagógica apropriada à Educação do Campo e às oportunidades de atualização e aperfeiçoamento com os profissionais comprometidos com suas especificidades.

Art. 8.º O transporte escolar, quando necessário e indispensável, deverá ser cumprido de acordo com as normas do Código Nacional de Trânsito quanto aos veículos utilizados.

§ 1.º Os contratos de transporte escolar observarão os artigos 137, 138 e 139 do referido Código.

§ 2.º O eventual transporte de crianças e jovens portadores de necessidades especiais, em suas próprias comunidades ou quando houver necessidade de deslocamento para a nucleação, deverá adaptar-se às condições desses alunos, conforme leis específicas.

§ 3.º Admitindo o princípio de que a responsabilidade pelo transporte escolar de alunos da rede municipal seja dos próprios Municípios e de alunos da rede estadual seja dos próprios Estados, o regime de colaboração entre os entes federados far-se-á em conformidade com a Lei n.º 10.709/2003 e deverá prever que, em determinadas circunstâncias de racionalidade e de economicidade, os veículos pertencentes ou contratados pelos Municípios também transportem alunos da rede estadual e vice-versa.

Art. 9.º A oferta de Educação do Campo com padrões mínimos de qualidade estará sempre subordinada ao cumprimento da legislação educacional e das Diretrizes Operacionais enumeradas na Resolução CNE/CEB n.º 1/2002.

Art. 10 O planejamento da Educação do Campo, oferecida em escolas da comunidade, multisseriadas ou não, e quando a nucleação rural for considerada, para os anos do Ensino Fundamental ou para o Ensino Médio ou Educação Profissional Técnica de nível médio integrada com o Ensino Médio, considerará sempre as distâncias de deslocamento, as condições de estradas e vias, o estado de conservação dos veículos utilizados e sua idade de uso, a melhor localização e as melhores possibilidades de trabalho pedagógico com padrão de qualidade.

§ 1.º É indispensável que o planejamento de que trata o caput seja feito em comum com as comunidades e em regime de colaboração, Estado/Município ou Município/Município consorciados.

§ 2.º As escolas multisseriadas, para atingirem o padrão de qualidade definido em nível nacional, necessitam de professores com formação pedagógica, inicial e continuada, instalações físicas e equipamentos adequados, materiais didáticos apropriados e supervisão pedagógica permanente.

Art. 11 O reconhecimento de que o desenvolvimento rural deve ser integrado, constituindo-se a Educação do Campo em seu eixo integrador, recomenda que os Entes Federados – União, Estados, Distrito Federal e Municípios – trabalhem no sentido de articular as ações de diferentes setores que participam desse desenvolvimento, especialmente os Municípios, dada a sua condição de estarem mais próximos dos locais em que residem as populações rurais.

Art. 12 Esta Resolução entra em vigor na data de sua publicação, ficando ratificadas as Diretrizes Operacionais instituídas pela Resolução CNE/CEB n.º 1/2002 e revogadas as disposições em contrário.

Clélia Brandão Alvarenga Craveiro
(*) Publicada no DOU de 29/4/2008, Seção 1, p. 81.

O BÊ-Á-BÁ DOS MÉTODOS DE ALFABETIZAÇÃO

A importância, a partir dos estudos da pesquisadora Isabel Frade, as formas clássicas de ensinar a língua escrita e o que as pesquisas afirmam sobre elas.

MÉTODOS SINTÉTICOS

Vão das partes para o todo, começando com as unidades sonoras ou gráficas.

Método Alfabético ou soletração

Como é:

É considerado o mais antigo dos métodos. A proposta é que o indivíduo aprenda os nomes das letras, reconheça-as fora da ordem alfabética e, por fim, tente redescobri-las em palavras ou textos, a partir da soletração.

Como funciona:

Ensina-se estratégicas de soletração que ajudam o aluno a associar o nome da letra à sua representação visual e ao som que ela adquire na palavra. A palavra "banana", por exemplo, pode ser soletrada como be a ba (ba), ene e na (na), ene e na (na).

Vantagens:

Reconhecer as letras é etapa fundamental e inescapável do processo de aquisição da escrita, já que as relações entre os sinais gráficos e os sons que eles representam são o princípio básico de qualquer sistema alfabético.

Riscos:

A memorização fora de contexto das letras e de algumas sílabas afasta o aluno do significado das palavras. É possível de resolver o conhecimento sistemático do alfabeto em textos com sentido e com uso de materiais como letras móveis.

Método Fônico ou Fonético (Adotado pelo MEC)

Como é:

Desenvolvido na França e na Alemanha, parte da relação direta entre o fonema e o grafema. Começa sempre dos sons mais simples para os mais complexos, das vogais para as consoantes. Por fim formam-se as sílabas e as palavras.

Como funciona:

Há várias maneiras de apresentar os fonemas, partindo de palavras significativas para os alunos ou relacionando uma palavra a uma imagem e a um som. Há exemplos na clássica Cartilha Nacional, do século 19.

Vantagens:

Ao aproximar fonemas e grafemas, o método estabelece relação direta entre a escrita e a fala, outra característica básica de sistemas alfabéticos, abrindo caminho para a codificação e a decodificação dos textos.

Riscos:

Na nossa língua, as relações entre letras e sons variam muito. Uma mesma letra pode representar diferentes sons e vice-versa. O sistema de escrita é uma representação complexa, e a abordagem fônica, sozinha, pode não dar conta dela.

Método Silábico

Como é:

Considera a sílaba a unidade linguística fundamental, já que, na prática, só se pode pronunciar a consoante juntamente com a vogal, até chegar as mais complexas.

Vantagens:

O método enfatiza uma unidade facilmente identificável com o som, já que, na fala, pronunciamos sílabas, e não letras ou sons separados. Assim, não é preciso analisar cada elemento da palavra para decifrá-la.

Riscos:

O foco excessivo em uma unidade sonora, assim como em outros métodos sintéticos, pode tirar do aluno o contato com textos reais, dotados de estrutura e função social, dando lugar a frases sem nexo, como "vovô viu uma uva".

MÉTODOS ANALÍTICOS

Vão do todo para as partes, originando-se de unidades de significados.

Palavração

Como é:

A unidade linguística é a palavra que deve ser reconhecida graficamente sem a necessidade de decompô-la em sílabas, letras ou mesmo fonemas e grafemas. A proposta é de que se forme um repertório antes de construir frases e pequenos textos.

Como funciona:

Apresenta-se um grupo de palavras que os alunos tentam reconhecer pelas características gráficas. São propostas atividades de memorização de palavras, às vezes associadas a imagens, exercícios de movimento de escrita.

Vantagens:

É um meio termo entre as práticas sintéticas e as analíticas, pois permite trabalhar em unidades menores, sem dissociá-las do significado. O aluno aprende estratégias de leitura inteligente e associa a leitura com prazer e informação.

Riscos:

Ficar só no reconhecimento gráfico das palavras pode prejudicar a análise das sílabas, letras e grafemas, afetando o reconhecimento de palavras novas. Isso costuma ser amenizado pelo uso de palavras estáveis, como o nome próprio.

Sentenciação

Como é:

A proposta é partir de uma unidade de significado mais completa, que é a frase. O estudante deve reconhecer e compreender o sentido de uma sentença para só depois analisar as suas partes menores (palavras e sílabas).

Como funciona:

A pedagogia argentina Cecilia Braslavsky ensina que é possível partir da oralidade das crianças a partir da qual se extraem orações simples, escritas em faixas expostas na sala de aula. As frases podem depois ser consultadas permanentemente.

Vantagens:

A exemplo do método da palavração, a sentenciação permite que os alunos se relacionem com o significado dos textos e aprendam, desde o início da alfabetização, a utilizar estratégias de leitura inteligente.

Riscos:

O ensino por sustentação pode acarretar problemas semelhantes aos encontrados na palavração, como a dificuldade de decodificar textos novos por falta de uma análise mais detida nas unidades que compõem a base do sistema de escrita.

Método Global (Adotado por Sobral-CE)

Como é:

Parte-se de um texto, trabalhando por certo tempo, no qual o aluno memoriza e entende o sentido geral do que é "lido". Só depois se analisam as sentenças e se identificam as palavras, comparando as suas composições silábicas.

Como funciona:

No Brasil, o método é associado aos contos, conforme as práticas difundidas pela educadora Lucia Casasanta nos anos 30. As cinco fases vão da compreensão geral da história à análise comparativa da composição silábica das palavras.

Vantagens:

Com práticas semelhantes às adotadas pela moderna alfabetização de linha construtivista, o método mantém o foco no sentido dos textos e proporciona, desde o início da aprendizagem, o contato com o texto.

Riscos:

O trabalho sistemático com as unidades menores, que são parte da estrutura básica da língua escrita, pode ficar enfraquecido. Além disso, o uso só de textos para fins escolares não é positivo: a criança precisa conviver com textos reais.

Sobral-Ceará, em sua rede municipal de educação, superou esses riscos formando professores alfabetizadores em serviço através de uma Escola de Formação Permanente de Professores e demais profissionais de educação.

Disponível em: https://novaescola.org.br/conteudo/17568/0-be-a-ba-dos-metodos-de-alfabetização.

EXAME INTERNACIONAL DESFAZ 7 MITOS SOBRE EFICIÊNCIA DA EDUCAÇÃO

A cada três anos, estudantes de vários países fazem o exame Internacional Pisa (sigla inglesa para Programa Internacional de Avaliação de Alunos), cujo objetivo é avaliar sistemas educacionais no mundo por meio de uma série de testes em assuntos como leitura, matemática e ciências.

Cerca de 510 mil estudantes de 65 países participaram da rodada mais recente de testes, realizada em 2012. Os resultados foram divulgados em dezembro de 2013. O Brasil ocupa a posição 55 no ranking de leitura, 58 no de matemática e 59 no de ciências. Xangai (China) está no topo da lista nas três matérias, Cingapura e Hong Kong se revezam na segunda e terceira posições.

No artigo a seguir, o responsável pelo exame, Andreas Schleicher, usa dados revelados pelo Pisa para destruir alguns dos grandes mitos sobre o que seria um bom sistema de educação.

1. Alunos pobres estão destinados a fracassar na escola.

Em salas de aula de todo o mundo, professores lutam para impedir que alunos mais pobres fiquem em desvantagem também no aprendizado. No entanto, resultados do Pisa mostram que 10% dos estudantes de 15 anos de idade mais pobres em Xangai, na China, sabem mais matemática do que 10% dos estudantes mais privilegiados dos Estados Unidos e de vários países europeus. Crianças de níveis sociais similares podem ter desempenhos muito diferentes, dependendo da escola que frequentam ou do país onde vivem. Sistemas de educação em que estudantes mais pobres são bem-sucedidos têm capacidade para moderar a desigualdade social. Eles tendem a atrair os professores mais talentosos para as salas de aula mais difíceis e os diretores mais capazes para as escolas mais pobres, desafiando os estudantes com padrões altos e um ensino excelente. Alguns americanos criticam comparações educacionais internacionais, argumentando que elas têm um valor limitado porque os Estados Unidos têm divisões socioeconômicas muito particulares. Mas os Estados Unidos são mais ricos do que a maioria dos outros países e gastam mais dinheiro com educação do que a maioria. Pais e mães americanos têm melhor nível educacional do que a maioria dos pais e mães em outros países e a proporção de estudantes de nível socioeconômico baixo nos EUA está perto da média dos países da Organização para a Cooperação e Desenvolvimento (OCDE).

O que as comparações revelam é que as desvantagens socioeconômicas têm impacto particularmente forte sobre o desempenho de estudantes nos Estados Unidos. Em outras palavras, nos Estados Unidos, dois alunos de níveis socioeconômicos diferentes variam muito mais em seu aprendizado do que se observa em outros países que integram a OCDE.

2. Países onde há muitos imigrantes têm pior desempenho.

Integrar estudantes imigrantes, ou descendentes de imigrantes, pode ser um desafio. No entanto, resultados dos exames Internacional Pisa mostram que não há relação entre a porcentagem de estudantes imigrantes – ou descendentes de imigrantes – em um dado país e o desempenho dos estudantes daquele país nos exames. Estudantes com históricos de imigração e níveis sociais similares apresentam desempenhos variados em países diferentes, o que sugere que as escolas onde os alunos estudam fazem muito mais diferença do que os lugares de onde os alunos vêm.

3. É tudo uma questão de dinheiro.

A Coreia do Sul – país com melhor desempenho (em termos individuais) em matemática na OCDE – gasta, por estudante, bem menos do que a média. O mundo não está mais dividido entre países ricos e bem-educados, e países pobres e mal-educados. O sucesso em sistemas educacionais não depende mais de quanto dinheiro é gasto e, sim, de como o dinheiro é gasto. Se quiserem competir em uma economia global cada vez mais focada no conhecimento, os países precisam investir em melhorias na educação. Porém, entre os integrantes da OCDE, gastos com educação por estudante explicam menos de 20% da variação no desempenho dos alunos. Por exemplo, aos 15 anos de idade, estudantes eslovacos apresentam uma média de desempenho similar à de um estudante americano da mesma idade. No entanto, a Eslováquia gasta cerca de US$ 53.000 para educar cada estudante dos 6 aos 15 anos de idade, enquanto os Estados Unidos gastam mais de US$ 115.000 por estudante.

4. Salas de aula menores elevam o nível.

Por toda parte, professores, pais e autoridades responsáveis por políticas educacionais apontam salas de aula pequenas, com poucos alunos, como essenciais para uma educação melhor e mais personalizada. Reduções no tamanho da classe foram a principal razão para os aumentos significativos nos gastos por estudante verificados na maioria dos países ao longo da última década. Apesar disso, os resultados do Pisa mostram que não há relação entre o tamanho da classe e o aprendizado, seja internamente, em cada país, ou se compararmos os vários países. E o que é mais interessante: os sistemas educacionais com melhor desempenho no Pisa tendem a dar mais prioridade à qualidade dos professores do que ao tamanho da classe. Sempre que têm de escolher entre uma sala menor e um professor melhor, escolhem a segunda opção. Por exemplo, em vez de gastarem dinheiro com classes pequenas, eles investem em salários mais competitivos para os professores, desenvolvimento profissional constante e cargas horárias equilibradas.

5. Sistemas únicos de educação são mais justos, sistemas seletivos oferecem resultados melhores.

Parece haver um consenso, entre educadores, de que sistemas educacionais não seletivos, que oferecem um mesmo programa de ensino para todos os estudantes, são a opção mais justa e igualitária. E que sistemas onde alunos aparentemente mais inteligentes são selecionados para frequentar escolas com programas diferenciados oferecem melhor qualidade e excelência de resultados. No entanto, comparações internacionais mostram que não há incompatibilidade entre qualidade do aprendizado e igualdade. Os sistemas educacionais que apresentam melhores resultados combinam os dois modelos. Nenhum dos países com alto índice de estratificação está no grupo de sistemas educacionais com os melhores resultados – ou entre os sistemas com a maior proporção de estudantes com o melhor desempenho.

6. O mundo digital requer novas matérias e um currículo novo.

Globalização e mudanças tecnológicas estão tendo um grande impacto sobre os conteúdos que estudantes precisam aprender. Num mundo onde somos capazes de acessar tantos conteúdos no Google, onde habilidades rotineiras estão sendo digitalizadas ou terceirizadas e onde atividades profissionais mudam constantemente, o foco deve estar em permitir que as pessoas se tornem aprendizes para a vida toda, para que possam lidar com formas complexas de pensar e trabalhar. Resumindo, o mundo moderno não nos recompensa mais apenas pelo que sabemos, mas pelo que podemos fazer com o que sabemos. Como resposta, muitos países estão expandindo currículos escolares para incluir novas matérias. A tendência mais recente, reforçada pela crise financeira, foi ensinar finanças aos estudantes. Porém, os resultados do Pisa mostram que não há relação entre o grau de educação financeira e a competência dos estudantes no assunto. Na verdade, alguns dos sistemas de educação em que os estudantes tiveram o melhor desempenho nas provas do Pisa que avaliaram competência em finanças não ensinam finanças mas investem pesado no desenvolvimento de habilidades matemáticas profundas.

De maneira geral, nos sistemas educacionais de melhor desempenho, o currículo não é amplo e raso. Ele tende a ser rigoroso, com poucas matérias que são bem ensinadas e com grande profundidade.

7. O segredo do sucesso é o talento inato.

Livros de psicólogos especializados em educação tendem a reforçar a crença de que o desempenho de um aluno brilhante resulta de inteligência inata, e não do trabalho duro. Os resultados do Pisa questionam também este mito. Às vezes, professores se sentem culpados por pressionar estudantes tidos como menos capazes, acham injusto fazer isso com o aluno. O mais provável é que tentem fazer com que cada estudante atinja a média de desempenho dos alunos em sua classe. Na Finlândia, em Cingapura ou Xangai, por outro lado, o objetivo do professor é que alunos alcancem padrões altos em termos universais. Uma comparação entre as notas escolares e o desempenho de estudantes no Pisa também indica que, frequentemente, professores esperam menos de alunos de nível socioeconômico mais baixo. E pode ser que os próprios alunos e seus pais também esperem menos. A não ser que aceitem que todas as crianças podem alcançar os níveis mais altos de desempenho, é pouco provável que os sistemas educacionais (com resultados piores) possam se equiparar aos dos países com índices de aprendizado mais altos. Na Finlândia, Japão, Cingapura, Xangai e Hong Kong, estudantes, pais, professores e o público em geral tendem a compartilhar a crença de que todos os estudantes são capazes de alcançar níveis altos. Um dos padrões mais interessantes observados entre alguns dos países com melhor desempenho foi o abandono gradual de sistemas nos quais estudantes eram separados em diferentes tipos de escolas secundárias. Esses países não fizeram essa transição calculando a média de desempenho (entre todos os grupos) e usando essa média como o novo padrão a ser almejado. Em vez disso, eles colocaram a nova meta lá em cima, exigindo que todos os estudantes alcançassem o nível que antes era esperado apenas dos estudantes de elite.

Disponível em: https://educacao.uol.com.br/noticias/bbc/2015/04/08/exame-internacional-desfaz-7-mitos-sobre-eficiencia-da educacao.htm?cmpid=copiaecola.

ORGANOGRAMAS

1. PREFEITURA MUNICIPAL DE SOBRAL

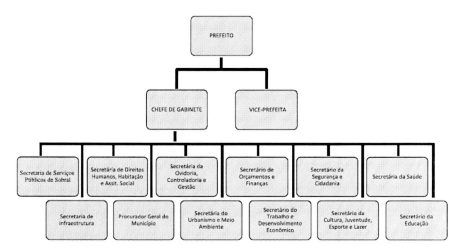

PREFEITOS
Cid Ferreira Gomes (1997 a 2004)
Leônidas Cristino (2005 a 2010)
Clodoveu Arruda (2011 a 2016)
Ivo Ferreira Gomes (2017 a atual)

2. SECRETARIA DA EDUCAÇÃO DE SOBRAL

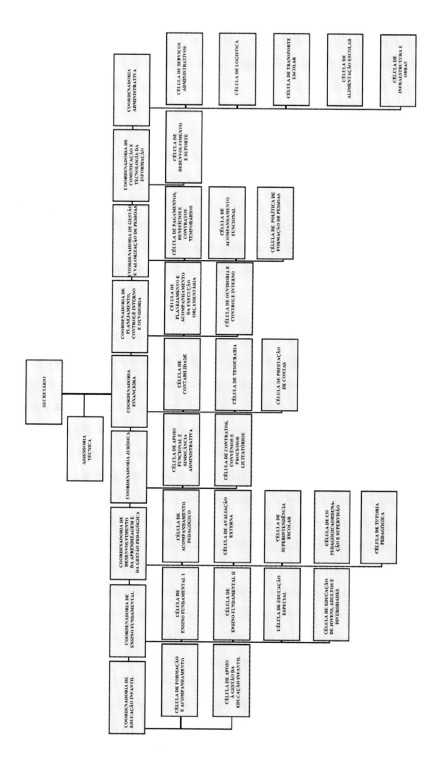

SECRETÁRIOS DE EDUCAÇÃO

Ada Pimentel (1997 a 2000)
Ivo Ferreira Gomes (2001 a 2002)
Maurício Holanda (2003 a 2004)
Maria Izolda Cela (2005 a 2006)
Júlio César Alexandre (2007 a 2010)
Júlio César Alexandre (2011 a 2015)
Iracema Sampaio (2016)
Herbert Lima (2017 a atual)

3. ESFAPEGE – ESCOLA DE FORMAÇÃO PERMANENTE DO MAGISTÉRIO E GESTÃO EDUCACIONAL

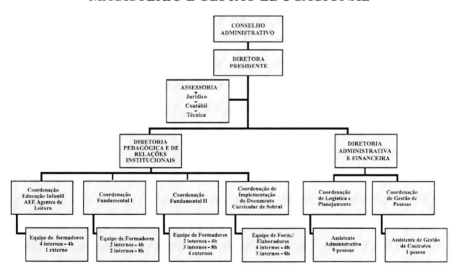

REFERÊNCIAS

AÇÃO EDUCATIVA. Indicadores da Qualidade na Educação. São Paulo: Ação Educativa, Unicef, Inep, Pnud, 2004.

AQUINO, Júlio Groppa (org.). Erro e fracasso na escola: alternativas teóricas e práticas. São Paulo: Summus, 1997.

ARROYO, Miguel G. Fracasso/sucesso: um pesadelo que perturba nossos sonhos. Em Aberto, Brasília, v. 17, n. 71, p. 33-40, jan. 2000.

AZEVEDO, Joaquim. Das escolas "Sísifos" às escolas re-institucionalizadas (equidade e sucesso escolar). Disponível em: www.inep.gov.br. Acesso em: 6 out. 2019.

BARBOSA, Antônio José. Atores – papel da escola, dos profissionais da educação e da família. Disponível em: www.tvebrasil.com.br/salto/boletins2003/pbe/tetxt2.htm. Acesso em: 6 out. 2019.

CAMPANHA NACIONAL PELO DIREITO À EDUCAÇÃO – CNDE. Consulta sobre qualidade da educação na escola. São Paulo: Ação Educativa, 2002.

CAMPOS, Irenice. A política educacional do município de Sobral (2001-2004): relato da experiência de gestão e da implementação de uma política de alfabetização. Sobral: Prefeitura Municipal de Sobral, 2005.

CASTRO, Maria Helena Guimarães (org.). Situação da educação básica no Brasil. Brasília: Inep, 1999.

CENTRO DE ESTUDOS E PESQUISAS EM EDUCAÇÃO, CULTURA E AÇÃO

COMUNITÁRIA – CENPEC. Os municípios em busca da melhoria na educação. São Paulo: Cenpec, 2005.

COELHO, Izolda Cela de Arruda. O rei está nu. Sobral, 2004.

COSTA, Carlos Aníbal Nogueira; CARVALHO, Tâmara Teixeira de. Redes de Trabalho e a Política Educacional de Sobral: análise crítica e percepção dos envolvidos. Sobral, 2005.

CRUZ, Silvia Helena Vieira. Representação de escola e trajetória escolar. Psicol., São Paulo, v. 8, n. 1, p. 91-111, 1997.

FREIRE, Paulo. A educação na cidade. São Paulo: Cortez, 1995.

GLÓRIA, Dília Maria Andrade. Direito à educação escolar: o discurso da inclusão X a prática da exclusão. Educar em Revista, Curitiba, n. 20, p. 209-222, 2002.

INSTITUTO NACIONAL DE PESQUISAS EDUCACIONAIS ANÍSIO TEIXEIRA – INEP. Geografia da educação brasileira. Brasília, 2001.

INSTITUTO NACIONAL DE PESQUISAS EDUCACIONAIS ANÍSIO TEIXEIRA – INEP. O desafio da educação de qualidade para todos: educação no Brasil – 1990-2000. Brasília, 2004a.

INSTITUTO NACIONAL DE PESQUISAS EDUCACIONAIS ANÍSIO TEI-XEIRA – INEP. Educação para o século XXI: o desafio da qualidade e da eqüidade. Brasília, 1999.

INSTITUTO NACIONAL DE PESQUISAS EDUCACIONAIS ANÍSIO TEIXEIRA – INEP. Estatísticas dos professores no Brasil. Brasília, 2003a.

INSTITUTO NACIONAL DE PESQUISAS EDUCACIONAIS ANÍSIO TEIXEIRA – INEP. Indicadores do censo demográfico e censo escolar 2000. Brasília, [200?].

INSTITUTO NACIONAL DE PESQUISAS EDUCACIONAIS ANÍSIO TEIXEIRA – INEP. Mapa do analfabetismo no Brasil. Brasília, 2002.

INSTITUTO NACIONAL DE PESQUISAS EDUCACIONAIS ANÍSIO TEIXEIRA – INEP. Qualidade da educação: uma nova leitura do desempenho dos estudantes da 3.ª série do ensino médio. Brasília, 2004b.

INSTITUTO NACIONAL DE PESQUISAS EDUCACIONAIS ANÍSIO TEIXEIRA – INEP. Qualidade da educação: uma nova leitura do desempenho dos estudantes da 4.ª série do ensino fundamental. Brasília, 2003b.

INSTITUTO NACIONAL DE PESQUISAS EDUCACIONAIS ANÍSIO TEIXEIRA – INEP. Qualidade da educação: uma nova leitura do desempenho dos estudantes da 8.ª série do ensino fundamental. Brasília, 2003c.

INSTITUTO NACIONAL DE PESQUISAS EDUCACIONAIS ANÍSIO TEIXEIRA – INEP. Sinopse da educação básica: Censo escolar 2003. Brasília, 2004c.

KEZEN, Sandra. Leitura e sucesso escolar. Disponível em: www.fdc.br/leitura_e_sucesso_escolar.htm. Acesso em: 6 out. 2019.

MENDES, Vanda; GUSMÃO, Joana Buarque. Projeto Monitoramento do Sucesso Escolar: relatório final. Missão Criança e Unicef. Brasília, 2005.

MOLL, Jaqueline (org.). Para além do fracasso escolar. Campinas: Papirus, 1997. (Coleção magistério: formação e trabalho pedagógico).

PACHECO, Eliezer; ARAÚJO, Carlos Henrique. Boa Escola: evidências do Saeb. Disponível em: www.inep.gov.br. Acesso em: 12 jun. 2004.

PATTO, Maria Helena Souza. A produção do fracasso escolar. São Paulo: T.A. Queiroz, 1990.

PEDROSA, Maria da Graça da Silva. Apropriação da palavra escrita como condicionante do sucesso escolar num enfoque psicanalítico. Disponível em: www.centrorefeducacional.pro.br/apropaescr.htm. Acesso em: 8 jan. 2019.

PENIN, Sonia Teresinha de Souza. Educação básica: a construção do sucesso escolar. Em Aberto, Brasília, v. 11, n. 53, p. 2-15, jan./mar. 1992.

PENIN, Sonia Teresinha de Souza. Pró-Gestão: como articular a função social da escola com as especificidades e as demandas da comunidade? Módulo I. Brasília: Consed, 2001.

POCHMANN, Márcio; AMORIM, Ricardo. Atlas da exclusão social no Brasil. São Paulo: Cortez, 2003.

REGIANI, Ana Rita Ronchi. Fracasso/sucesso escolar: um estudo das representações dos professores, alunos e pais de uma escola de 1.º grau. Resumo de dissertação, 1994. Disponível em: www.ufes.br/~ppge/dissert/diss24.html. Acesso em: 8 jan. 2019.

SAMPAIO, Carlos Eduardo Moreno *et al.* Sincronismo idade/série: um indicador de produtividade do sistema educacional brasileiro. Brasília: Inep, 2002. (Série documental. Texto para discussão, 11).

SETÚBAL, Maria Alice. Os Programas de correção de fluxo no contexto das políticas educacionais contemporâneas. Em Aberto, Brasília, v. 17, n. 71, p. 9-20, jan. 2000.

SILVA, Lázara Cristina da Silva. Participação e sucesso escolar: construções cotidianas. Revista de Educação e Filosofia, Uberlândia, v. 13, n. 26, p. 215-235, jul./dez., 1999.

SOARES, José Francisco. Freqüência e sucesso escolar. Disponível em: www.tvebrasil.com.br/salto/boletins2003/pbe. Acesso em: 8 jan. 2019.

SPOSATI, Aldaíza. Exclusão social e fracasso escolar. Em Aberto, Brasília, v. 17, n. 71, p. 21-32, jan. 2000.

UNICEF. Relatório da situação da infância e adolescência brasileiras. Brasília, 2003. (Versão preliminar).

UNICEF. Relatório da situação da infância e adolescência brasileiras. Brasília, 2004.

UNICEF. Situação da adolescência brasileira. Brasília, 2002.

VENCENDO o Desafio da Aprendizagem nas Séries Iniciais: A Experiência de Sobral/CE Brasília – DF/Inep/2005 – Série Projeto Boas Práticas na Educação n. 1.

WAISELFISZ, Júlio Jacobo. Mapa da violência III: juventude, violência e cidadania. Brasília: Unesco, Instituto Airton Senna, Ministério da Justiça/ SEDH, 2002.

WAISELFISZ, Júlio Jacobo. Mapa da violência IV: juventude, violência e cidadania. Brasília: Unesco, Instituto Airton Senna, Ministério da Justiça/SEDH, 2004a.

WAISELFISZ, Júlio Jacobo. Relatório de Desenvolvimento Juvenil 2003. Brasília: Unesco, 2004b.

WEISZ, Telma. De boas intenções o inferno está cheio ou quem se responsabiliza pelas crianças que estão na escola e não estão aprendendo. Pátio, Revista Pedagógica, Porto Alegre, v. 4, n. 14, p. 10-13, ago./out. 2000.

Alfabetização das crianças: uma prioridade do município, Sobral.

Alfabetização: o grande desafio para a rede municipal. Dados para a elaboração de uma proposta de estágio social, Sobral.

Avaliação Externa, Sobral, 2002. Banco de Ideias.

Considerações importantes da Educação Infantil, Sobral. Consolidado das visitas da superintendência às escolas.

Currículo de 1.ª a 4.ª série: um início de conversa. Sobral, 2001.

Dados da avaliação externa da Educação de Jovens e Adultos no município de Sobral – 2003. Sobral, 2003.

Educação de Jovens e Adultos. Sobral, 2004. Educação Infantil. Sobral, 2004.

Ensino Fundamental II, Educação de Jovens e Adultos e Programas de Correção de Fluxo Escolar. Sobral, 2004.

Formação de professores – PNC/EJA – Relatório. Sobral, 2002.

Indicadores de eficiência da rede municipal de ensino. Consolidado da Secretaria. Sobral, 2004.

Instrumental de acompanhamento das escolas pelos superintendentes.

Matrícula da rede pública municipal de Sobral/2004. Orientações Gerais. Sobral, 2004.

O desafio histórico de prover educação pública de boa qualidade para todos os cidadãos. Uma experiência promissora de gestão municipal da educação no semiárido nordestino. Mimeo. Sobral.

O que é o Plano de Gestão.

Organograma da Secretaria de Educação no período 2002-2004.

Planilha de evolução da matrícula por dependência administrativa – 1996 a 2003. Sobral.

Plano de trabalho 2001-2004. Sobral, 2004.

Procedimentos para prestação de contas – Fundae e Programa Dinheiro Direto na Escola. Sobral, 2003.

Projeto de Avaliação Externa, 2004. Projeto escola alfabetizadora (Meta I). Sobral. Proposta de formação para os diretores das escolas municipais de Sobral, 2001.

Proposta para efetuar seleção de diretores para as escolas públicas do município de Sobral, 2002.

Relatório das ações realizadas para a formação e acompanhamento dos diretores das escolas públicas municipais de Sobral. Setembro de 2001 a janeiro de 2002.

Relatório de planejamento de matrícula – ano 2004. Sobral, 2004.

Relatório sobre a avaliação externa da Educação de Jovens e Adultos – EJA, do município de Sobral 2003. Sobral, 2003.

Resultado do diagnóstico aplicado nas salas de EJA (1.º trimestre de 2002). Sobral, 2002.

Resultado do diagnóstico realizado nas turmas de Educação de Jovens e Adultos. Sobral, 2001.

www.mec.gov.br. Acesso em: 16 set. 2005.

www.inep.gov.br. Acesso em: 10 set. 2005.

www.edudata.inep.gov.br. Acesso em: 10 set. 2005.

www.inep.gov.br. Acesso em: 9 set. 2005.

www.ibge.gov.br/cidades. Acesso em: 9 set. 2005.

www.fnde.gov.br. Acesso em: 10 set. 2005.

Trabalho Apresentado no Seminário de Pesquisa em Educação da Região Sul 2012.

ALBUQUERQUE JÚNIOR, Durval Muniz de. História: a arte de inventar o passado. Ensaios de teoria da história. Bauru, SP: EDUSC, 2007.

BERTOLETTI, Estela Natalina Mantovani. Lourenço Filho e a alfabetização: um estudo de Cartilha do povo e da cartilha, Upa, cavalinho! São Paulo: Editora da UNESP, 2006.

CAGLIARI, Luiz Carlos. Alfabetizando sem o Ba-Bé-Bi-Bo-Bu. São Paulo: Scipione, 1998.

CAMBI, Franco. História da Pedagogia. São Paulo: Fundação Editora da UNESP, 1999.

COOK-GUMPERZ, Jenny. Alfabetização e escolarização: uma equação imutável. *In:* COOK-GUMPERZ, Jenny (org.). A Construção Social da Alfabetização. Porto Alegre: Artmed, 2008. p. 29-54.

FRADE, Isabel Cristina Alves da Silva. Métodos de alfabetização, métodos de ensino e conteúdos de alfabetização: perspectivas históricas e desafios atuais. Educação. Revista do Centro de Educação. Dossiê de Alfabetização. Universidade Federal de Santa Maria, v. 32, n. 1, 2007. p. 21-40.

FRADE, Isabel Cristina Alves da Silva. Métodos e didáticas de alfabetização: história, características e modos de fazer de professores. Belo Horizonte: Ceale/FAE/UFMG, 2005.

HALL, Stuart. A centralidade da cultura: notas sobre as revoluções culturais do nosso tempo. Educação & Realidade, Universidade Federal do Rio Grande do Sul, Faculdade de Educação, Porto Alegre, v. 22, n. 2, p. 15-46, jul.-dez. 1997.

HALL, Stuart. A identidade cultural na pós-modernidade. Rio de Janeiro: DP&A, 1998.

MACIEL, Francisca Izabel Pereira. Alfabetização e métodos ou métodos de alfabetização. Revista Educação. Guia da Alfabetização 2. São Paulo: Editora Segmento, 2010. p. 46-60.

MAGALHÃES, Naiara. Conhecer a história dos métodos de ensino para alfabetizar no presente. *In:* CEALE. Letra A – o jornal do alfabetizador. Belo Horizonte: ago./ set. 2005 ano 1. n. 3.

MONARCHA, Carlos, O triunfo da razão psicotécnica: medida humana e eqüidade social. *In:* STEPHANOU, Maria; BASTOS, Maria Helena Câmara. Histórias e memórias no Brasil, Volume III: século XX. Petrópolis, RJ: Vozes, 2005. p. 129-141.

MORTATTI, Maria do Rosário. Educação e Letramento. São Paulo: UNESP, 2004.

MORTATTI, Maria do Rosário. Os Sentidos da Alfabetização: (São Paulo 1876-1994). São Paulo: UNESP: CONPED, 2000.

PERES, Eliane. A Escola Ativa na visão de Adolphe Ferrière – elementos para compreender a Escola Nova no Brasil. *In:* STEPHANOU, Maria; BASTOS, Maria Helena Câmara. Histórias e memórias no Brasil, Volume III: século XX. Petrópolis, RJ: Vozes, 2005. p. 114-128.

RAMOS DO Ó, Jorge. A Criança Transformada em Aluno: a emergência da psicopedagogia moderna e os cenários de subjetivação dos escolares a partir do último quartel do século XIX. *In:* SOMMER, Luis Henrique; BUJES, Maria Isabel (org.). Educação e Cultura Contemporânea: articulações, provocações e transgressões em novas paisagens. Canoas: ULBRA, 2006. p. 281-304.

SGANDERLA, Ana Paola. A psicologia na constituição do campo educacional brasileiro: a defesa de uma base científica de organização escolar. 2007. 120f. Dissertação (Mestrado em Educação), Universidade Federal de Santa Catarina, Florianópolis, 2007.

SILVA, Tomaz Tadeu da. As pedagogias psi e o governo do eu nos regimes neoliberais. *In:* SILVA, Tomaz Tadeu da (org.). Liberdades Reguladas: a pedagogia construtivista e outras formas de governo do eu. Petrópolis: Vozes, 1998. p. 7-13.

SILVA, Tomaz Tadeu da. Documentos de Identidade: uma introdução às teorias de currículo. Belo Horizonte: Autêntica, 1999.

TRINDADE, Iole Maria Faviero. A invenção de uma nova ordem para as cartilhas: ser maternal, nacional e mestra. Queres ler? São Paulo: Bragança Paulista: Editora Universitária São Francisco, 2004.

TRINDADE, Iole Maria Faviero. Invenção de múltiplas alfabetizações e (an)alfabetismos. Educação & Realidade, Porto Alegre, v. 2, n. 9, p. 125-142, jul.-dez. 2004.

WALKERDINE, Valérie. Uma análise foucaultiana da pedagogia construtivista. *In:* SILVA, Tomaz Tadeu da (org.). Liberdades Reguladas: a pedagogia construtivista e outras formas de governo do eu. Petrópolis: Vozes, 1998. p. 143-216.

LOURENÇO FILHO, Manoel B. Testes ABC: para verificação da maturidade necessária à aprendizagem da leitura e escrita. São Paulo: Melhoramentos, 1952.

Barber, M. e Morshad, M. (2007) McKinsey report 2007: How the world's best performing school systems came out on top. London: McKinsey.

Boudett, K. P., City, E. e Murnane, R. (2006). Data WISE. A step-by-step Guide to Using Assessment Results to Improve Teaching and Learning. Cambridge, Mass: Harvard Education Press.

Comissão de Educação e Cultura da Câmara dos Deputados (2003). Alfabetização Infantil: os novos caminhos. Brasília.

Comissão de Educação e Cultura da Câmara dos Deputados (2003). Reforma Educativa. Ciclo de Seminários Internacionais: Educação no Século XXI: Modelos de Sucesso. Seminário organizado pela Comissão de Educação e Cultura da Câmara dos Deputados em parceria com a Confederação Nacional do Comércio e o Instituto Alfa e Beto.

Elliot, L.G.; Silva, C.M.T.; Silva, A.C. (2007). A qualidade do programa Escola Campeã: avaliação externa de gestão e eficiência. REICE: Revista Electrónica Iberoamericana sobre Calidad, Eficacia y Cambio en Educación, p. 100-115).

Murnane, R. e Ganimian, A. (2013). Políticas educacionais em países em desenvolvimento: lições aprendidas a partir de pesquisas rigorosas. *In:* Oliveira, J. Educação Baseada em Evidências: o que funciona em educação. IAB: VI Seminário Internacional, 2013.

Oliveira, J. B. A. e Schwartzman, S. (2003). A escola vista por dentro. Belo Horizonte: Alfa Educativa Editora.

Oliveira, J. B. A. (2003). A Pedagogia do Sucesso. São Paulo: Editora Saraiva/ Instituto Ayrton Senna, 14 ed.

Oliveira, J. B. A. (2007). Reforma Educativa: por onde começar? Belo Horizonte: Instituto Alfa e Beto.

INEP. "Vencendo o desafio da aprendizagem nas séries iniciais: a experiência de Sobral/CE", 2005. Disponível em: http://www.publicacoes.inep.gov.br/arquivos/%7B- 433D2A7F-4CFF-4D11BA9C1C701CF4C714%7D_Livro_Vencendo%20 Desafios_ Sobral.pdf. Acesso em: 8 jan. 2019.

INEP. "Prêmio Inovação em gestão educacional 2006 Experiências Selecionadas", 2006. Disponível em: http://download.inep.gov.br/educacao_basica/laboratorio/ pu- blicacoes/livro_premio_inovacao 2006.pdf. Acesso em: 8 jan. 2019.

BROOKE, Nigel. "Responsabilização Educacional no Brasil".

UNICEF. "Redes de Aprendizagem: boas práticas de municípios que garantem o direito de aprender", 2009. Disponível em: http://www.unicef.org/brazil/pt/ Redes_de_ aprendizagem.pdf. Acesso em: 8 jan. 2019.

OCDE. "Brazil: Encouraging Lessons from a Large Federal System", 2011. Disponível em: http://www.oecd.org/pisa/pisaproducts/46581300.pdf. Acesso em: 8 jan. 2019.

FUNDAÇÃO LEMANN; ITAÚ BBA. "Excelência com equidade", 2012. Disponível em: http://www.fundacaolemann.org.br/uploads/arquivos/excelencia_com_equidade.pdf. Acesso em: 8 jan. 2019.

Tese apresentada ao Programa de Pós-Graduação em Educação da Faculdade de Educação da Universidade de São Paulo para a obtenção do título de Doutor em Educação.

Institucionalização do Direito à Educação de qualidade: o caso de Sobral, CE / Ilona Becskeházy.

BROOKE, Nigel; SOARES, José Francisco. Pesquisa em eficácia escolar: origem e trajetórias. Belo Horizonte, Brasil: Editora UFMG, 2008.

CÂMARA DOS DEPUTADOS, COMISSÃO DE EDUCAÇÃO E CULTURA (org.).

Grupo de Trabalho Alfabetização Infantil: os novos caminhos Relatório Final. 1a ed. Brasília: Centro de Documentação e Informação, Coordenação de Publicações, 2003. (Série Ação parlamentar, n. 246). Disponível em: http://www2.camara.leg. br/ atividade-legislativa/comissoes/comissoespermanentes/ce/documentos-1/ relatorio--de-atividades/Relat_Final.pdf. Acesso em: 8 jan. 2019.

ECKSTEIN, Harry. Case Study and Theory in Political Science. *In:* GOMM, Roger (org.). Case study method: key issues, key texts. London, UK; Thousand Oaks, California: SAGE, 2000.

FREIRE, Paulo. Pedagogia da autonomia: saberes necessários à prática educativa. São Paulo, SP.

KINGDON, John W. Agendas, alternatives, and public policies. Updated 2nd ed. Boston: Longman, 2011. (Longman classics in political science). Ed. Paz e Terra, 2000.

LEZOTTE, Lawrence. Correlates of Effective Schools: The First and Second Generation. Effective Schools Research Abstracts, 1991. Disponível em: http://www. effectiveschools.com/images/stories/escorrelates.pdf. Acesso em: 10 jan. 2019.

LIMA, Eliomar de. A oligarquia Ferreira Gomes e arte de eliminar obstáculos. Blog do Eliomar. Disponível em: http://blogdoeliomar.com.br/a-oligarquia-ferreira-gomes-e-arte-de-eliminarobstaculos/. Acesso em: 10 jan. 2019.

OECD (2011), Lessons from PISA for the United States, Strong Performers and Successful Reformers in Education, OECD Publishing. Disponível em: http:// dx.doi.or- g/10.1787/9789264096660-en. Acesso em: 10 jan. 2019.

PATTO, Maria Helena Souza. A produção do fracasso escolar: histórias de submissão e rebeldia. São Paulo: Casa do Psicólogo, 2005.

PLANK, David Nathan. The means of our salvation: public education in Brazil, 19301995. Boulder, Colo: Westview Press, 1996.

RIBEIRO, Sérgio Costa. A pedagogia da repetência. Estudos Avançados, v. 5, n. 12, p. 7-21, 1991.

WILSON, James Quinn; DILULIO, John J. Jr. American government: institutions & policies. 11th ed. Boston, MA: Houghton Miffin Co, 2008.

Estudo do Grupo Banco Mundial O sucesso de Sobral/Ceará nas reformas educacionais para a alfabetização universal

Banco Mundial, Relatório de Desenvolvimento Mundial 2018: Aprendendo a Cumprir a Promessa da Educação. 2018. Ver o capítulo 1

Banco Mundial, Relatório de Desenvolvimento Mundial 2018: Aprendendo a Cumprir a Promessa da Educação. 2018. Ver o capítulo 3.

Schleicher A. PISA 2018: Insights e Interpretações. 2019.

Granados O. "Mexico: Reflections from a Secretary of Education to His Successor at the End of His Tenure." Em Letters to a New Minister of Education (editado por Fernando Reimers). 2019.

5Paraevidências da Índia, consulte Muralidharan K e Sundararaman V, "Teacher opinionsm on performance pay: Evidence from India," Economics of Education Review 30(3), 2011.

Para dados sobre a Tanzânia, consultar Mbitil e Schipper Y, "Teacherand Parental Perceptions of Performance Payin Education: Evidence from Tanzania", documento de trabalho RISE 20/037,2020. Hanushek EA, Woessman L. "The Role of Cognitive Skills in Economic Development," Journal of Economic Literature 46(3), 2008.

Evans DK, Yuan F. "Equivalent Years of Schooling: A Metric to Communicate Learning Gains in Concrete Terms." Documento de Trabalho sobre Pesquisa de Políticas do Banco Mundial 8752. 2019.